CW01670310

Recettes de Denis Martin
rédigées en collaboration avec Daniel Fazan

Photographies de
Pierre-Michel Delessert

graphique design
Oscar Ribes

Editions Favre SA
Siège social
29, rue de Bourg • CH-1002 Lausanne
Tél.: 021 312 17 17 • Fax.: 021 320 50 59
Lausanne@editionsfavre.com
www.editionsfavre.com

Bureau de Paris
12, rue Duguay-Trouin • F-75006 Paris
Tél. & Fax: 01 42 22 01 90
paris@editionsfavre.com

Dépôt légal en Suisse octobre 2007
Tous droits réservés pour tous pays.
Toute reproduction, même partielle,
par tous procédés, y compris la photocopie, est interdite.

ISBN: 978-2-8289-0968-0
© 2007 by Editions Favre SA, Lausanne

FAVRE

Photographe Pierre-Michel Delessert / Auteur Denis Martin / Rédaction Daniel Fazan / Design Oscar Ribes

Peu porté sur les études, déjà au temps de l'école enfantine, je passais le plus clair de mes heures dans la rivière près de la maison familiale à Territet. Les senteurs des herbes mouillées par les chutes d'eau et le bruit des cascades représentaient un monde de liberté. La sensation des pieds dans l'eau fraîche électrisait tout mon corps alors que les parfums de la nature me faisaient tourner la tête. Rentré à la maison, je retrouvais l'odeur du pain frais de la boulangerie paternelle qui me faisait entrer dans le monde des odeurs riches: celle du bois qui chauffait le four à pain, celle de la farine et du levain. Avant le repas, je faisais jouer sur le gramophone à manivelle les disques d'occasion que mon père achetait au kilo.

La suite, c'est la découverte à Bâle, comme apprenti cuisinier, de la sarabande des herbes, légumes, champignons, fruits, viandes et poissons. Cuisine traditionnelle où tout est coupé, battu, épluché à la main, sans fausse note. Dans ma tête tournent alors les airs de Ray Charles et de Charlie Parker alors que je pleure en coupant les oignons.

Tout a été très vite: la création du Festival de Jazz de Montreux, l'intérêt grandissant pour l'évolution et l'explosion de la cuisine au même titre que les changements radicaux dans la musique.

C'est dans son premier restaurant dans les années 80 dans le Chablais, que j'ai découvert la cuisine de Denis Martin. Il me faisait venir à son «piano» à lui, entre casseroles et produits, il me montrait comment il revisitait les grands classiques, qu'il épurait, allégeait, redynamisait. Je m'y rendais souvent avec des musiciens et des amis. Ces repas dans la campagne restent gravés dans ma mémoire.

Le grand saut c'est dans la fin des années 90, quand Denis s'installe à Vevey dans cette maison historique, adoucie par des éclairages subtils. Il se lance seul et contre tous dans une autre cuisine, moléculaire, inédite, où la dégustation est enchantée et parfois déroutée par des parfums nouveaux, des goûts venus d'ailleurs, un peu comme une symphonie composée de nombreux petits mouvements et non pas de longues sessions. C'est un carrousel un peu fou parfois, mais toujours propre à vous exalter. Il faut laisser faire Denis, il joue parfaitement sa partition.

Je me réjouis de découvrir son livre aux recettes uniques que je lirai avec passion mais qui ne me fera pas commettre d'infidélité aux inoubliables dégustations chez le Maître.

Claude Nobs
Fondateur et Directeur
Montreux Jazz Festival

Ils ont dit...

Passionné, créatif, entier et talentueux sont les mots qui me viennent spontanément pour décrire Denis Martin. La passion, je l'ai ressentie dès les premiers échanges, une lueur dans le regard qui ne le quitte jamais, la vivacité d'esprit, l'intensité dans la conversation, la volonté d'aller toujours de l'avant, et le dépassement permanent de soi, la marque des grands.
Incomparable technicien, doté d'une sensibilité rare, il goûte, teste, essaie, écoute, se documente sans relâche. Ses créations sont de véritables chefs-d'œuvre au sens où il combine l'art et la manière, l'audace et la créativité maîtrisée, il va à l'essentiel, sans artifices, avec un credo: le goût.
En quelques lignes, forcément incomplètes, j'ai décrit l'homme, qui dans cet ouvrage, vous fait partager ses passions du beau, du bon avec beaucoup de sensibilité, de simplicité et de convivialité, tel qu'il est.

Pierre Hermé
Pâtissier Chocolatier
Paris

Lorsque vers le milieu des années 90 nous avions parié, à El Bulli, pour une cuisine d'avant-garde sans concessions, nous ignorions où cette voie nous mènerait. Aujourd'hui, le travail d'un nombre important de cuisiniers de par le monde a consolidé notre philosophie, qui peut se résumer ainsi: partager avec le convive les risques d'explorer les limites de la cuisine. Ce pari ne peut aboutir qu'avec des ingrédients fondamentaux: la passion, l'amour pour l'histoire de la cuisine, la volonté de briser les barrières, la quête de l'émotion, le désir de rendre heureux les convives tout en cherchant des chemins nouveaux. Tous ces facteurs, je les trouve dans la cuisine et la personne de Denis Martin.
C'est pour toutes ces raisons que de rédiger une préface à cet ouvrage me procure un plaisir singulier, et cela, pas seulement pour l'amitié que nous nous vouons mais parce que je partage avec Denis la manière de comprendre et de vivre la cuisine. Denis Martin est un cuisinier d'un incroyable talent, c'est un grand professionnel qui aime les défis, un homme vraiment passionné et de plus, d'une curiosité inépuisable. Ce livre est le reflet de ses recherches et la transformation réussie de ses inquiétudes.
Il ne me reste qu'à vous conseiller l'admiration et la lecture de ces pages qui confirment, à ceux qui l'ignoreraient encore, que Denis Martin est une des figures de proue de la cuisine actuelle.

Ferran Adrià
Restaurant El Bulli
Roses

Question

.de molécules

Hervé This

Equipe INRA de Gastronomie moléculaire, Laboratoire de chimie, Institut des sciences et industries du vivant et de l'environnement (AgroParisTech)

Un matin, mes amis de la Radio Suisse Romande m'invitent pour présenter un livre que je venais de publier. Rendez-vous est pris dans les studios parisiens, pour un duplex avec Lausanne. Nous alternons les questions, les réponses, les musiques, les lectures… et le journaliste propose un reportage à Vevey, chez un certain Denis Martin, qui cuisine «moléculaire». Homme de laboratoire, sans cesse engagé dans la production plutôt que dans la réception, je ne connais que très mal le monde de la cuisine, contrairement à certains journalistes gastronomiques qui font la tournée des restaurants. Je me réjouis donc à l'idée de découvrir un cuisinier que je ne connais pas, et c'est alors l'occasion d'entendre… parler d'émotion!

Question de sensibilité

Oui, d'émotion. Après la diffusion du reportage fait dans les cuisines de Vevey, le Denis Martin que je découvre a une voix chaude, enthousiaste, qui répond, certes, aux questions techniques qu'on lui pose, mais qui parle, surtout, de l'émotion de la première neige!

La première neige, dit-il, c'est un sentiment extraordinaire, particulier pour le Suisse qu'il est, notamment parce qu'elle fait partie de son enfance. Toute floconneuse, elle se pose lentement, effleure le sol d'une éphémère caresse, avant de disparaître, presque sans laisser de trace. Voilà ce que Denis Martin propose de cuisiner! Voilà ce qu'il donne à entendre, alors que le journaliste et les auditeurs attendent un éloge de la technique la plus moderne. Foin de la «façon» (du verbe «faire»), de la «manière» (du mot «main»): Denis Martin évoque l'émotion de cette première neige, ou encore l'émotion du glaçon qui fond dans le Martini que boit son épouse Clara. L'émotion…

C'est pour cette raison, l'émotion, que mes discussions avec Denis Martin ont pu naître. Parce qu'il n'était pas question de technique! Evidemment, je me réjouis quand des cuisiniers adoptent des propositions techniques que j'ai faites dès le début des années 80, quand ils rénovent leurs techniques, leur matériel, leurs ingrédients, leurs méthodes… mais, étant à l'origine de ces rénovations, je ne peux m'y intéresser bien longtemps… parce que je n'apprends guère. En revanche, je suis tout à fait admiratif des artistes culinaires qui, moléculaires ou non, savent faire naître l'émotion chez ceux qu'ils accueillent.

D'où la question, que je ne cesse de discuter avec mes amis cuisiniers-artistes (que je distingue des cuisiniers-artisans): qu'est-ce, au juste, que cette capacité artistique, qui permet à un artiste de faire pleurer d'émotion ses interlocuteurs?

Sur quoi se fonde-t-elle? A quel point la composante technique est-elle importante dans la création artistique? Combien est importante la composante «sociale», le souci de donner du bonheur? Et quelle est l'importance du détail dans toute cette affaire? Par quel miracle la capacité artistique se jouerait-elle des différences culturelles? Mais est-il vrai que l'art est au-dessus des différences culturelles? Et pourquoi aimons-nous être enchantés par une sorte de magie que nous pourrions rationnellement décortiquer? L'art se fonde-t-il sur la raison? Ou bien n'existe-t-il qu'au moment où la raison abdique?

Cuisine moléculaire

La cuisine dite moléculaire, dans toute cette affaire? Le mot est lâché, et il suscite généralement le rejet a priori, ou l'adhésion... mais les lecteurs du livre de Denis Martin devraient faire partie de ceux qui ne s'arrêtent pas aux mots, et sont capables de voir plus loin que ceux qu'une crainte intime empêche d'aller de l'avant.

Passons sur les jeux de mots idiots («manger des molécules, cela ne nourrit pas»), les jugements hâtifs («imaginez que toute la cuisine soit comme cela!» ou bien «cette cuisine est molle»), les déclarations sans fondement (combien parlent de la cuisine moléculaire sans l'avoir testée!)... Passons, mais faisons quelques distinctions indispensables, afin de mieux comprendre.

D'abord, la cuisine n'est pas la gastronomie. Oui, la cuisine, c'est une activité merveilleuse, technique et artistique à la fois, qui vise à produire des mets qui comblent le corps, d'un côté, l'âme de l'autre. De même que la peinture vise à produire des tableaux, d'un côté, et à couvrir les murs, de l'autre. De même que la littérature consiste à captiver les lecteurs au point de les faire rire (*Trois hommes dans un bateau*, de Jérôme K. Jérôme) ou pleurer (certaines pages de Marcel Proust), d'un côté, et qu'elle vise à transmettre prosaïquement des informations, de l'autre (le journal officiel, les rapports...). Pour en revenir à la cuisine, donc, il y a toujours production de mets, et cette production peut se limiter à un geste technique, ou bien se doubler d'une intention artistique.

La gastronomie, c'est bien différent. Ce n'est pas de la cuisine d'apparat, de la cuisine pour riches, de la cuisine raffinée. Non, ce serait une erreur de le croire! Introduit en langue française par Joseph Berchoux en 1901, le terme «gastronomie» a été rapidement «théorisé», établi par Jean-Anthelme Brillat-Savarin, juriste, merveilleux homme de lettres, intelligent, sensible, subtil, passionné de cuisine... et de gastronomie: «La gastronomie est la connaissance raisonnée de tout ce qui se rapporte à l'homme en tant qu'il se nourrit.» La gastronomie est un discours, une connaissance, pas la production de mets! Il n'existe donc pas de cuisine gastronomique: la cuisine produit des mets, pas des connaissances. Et voilà pourquoi il existe une gastronomie historique (la production de données historiques sur la cuisine et sur l'alimentation), une gastronomie géographique (la production de données géographiques sur la cuisine et sur l'alimentation), une gastronomie scientifique, notamment moléculaire! Voilà, aussi, pourquoi la «cuisine moléculaire» n'est pas la «gastronomie moléculaire».

Insistons sur ce dernier point: la gastronomie moléculaire est une discipline scientifique (production de connaissances, recherche des mécanismes des phénomènes par l'emploi de la méthode expérimentale), qui explore les mécanismes des transformations culinaires: un steak brunit quand on le cuit, mais pourquoi? Un blanc d'œuf, jaune, transparent et liquide, devient blanc, opaque et solide quand on le chauffe, mais pourquoi? Des fruits rouges mis au contact d'étain altéré bleuissent, mais pourquoi? Les poires rougissent parfois quand on les cuit en compote, mais pourquoi? La peau du poulet rôti croustille, mais pourquoi? Pourquoi? Pourquoi? C'est là la question de la science, en général, et de la gastronomie moléculaire en particulier, dont le «corpus» est l'ensemble des phénomènes culinaires.

La cuisine moléculaire, elle, ne vise pas à comprendre comment des sucres ou des acides aminés sortent d'une carotte que l'on cuit dans l'eau pour en faire un bouillon. Elle cherche à produire des mets, mais d'une façon différente de la façon traditionnelle… et c'est cela qui dérange certains!

Une transition indispensable

Pourtant, les évolutions sont inéluctables, et chaque époque apporte sa pierre à l'édifice de la culture (la cuisine fait partie, évidemment, de cet édifice). Pourquoi, alors, voudrions-nous rester collés à la cuisine que nous avons connue enfants? Peur de grandir? Peur du nouveau? Nostalgie du confort familial? Dans l'affaire, je crois quand même distinguer deux camps: les Anciens et les Modernes. La bataille n'a jamais cessé de faire rage, entre les premiers, qui craignent la nouveauté, et les seconds, qui la recherchent. Toutefois, le fait même que Victor Hugo soit aujourd'hui un poète aussi classique que Du Bellay ou Villon montre bien que nous devrions prendre un peu de recul: les Modernes d'aujourd'hui seront les Classiques demain… et ce sont évidemment les Modernes qui gagnent toujours, puisque ce sont eux qui survivent aux Classiques.

Evidemment, nous sommes bien avisés de ne pas gober n'importe quelle nouveauté pour la seule raison qu'elle est nouvelle, et bien des oeuvres littéraires, musicales, culinaires, bien que nouvelles, ne valent rien, et ne sont pas venues enrichir notre culture artistique. Pour un Flaubert, un Rabelais, combien d'œuvres mineures qui ne sont pas passées à la postérité! La nouveauté n'est rien sans l'art. Elle doit être discutée, évaluée, et c'est faire preuve de prudence que de considérer les nouveautés avec un peu de recul. Considérons donc la cuisine moléculaire de plus près, et commençons par dire ce qu'elle est. A cette fin, il faut raconter une brève histoire.

Nous avons posé les bases de la cuisine moléculaire dans les années 1980, avec mon ami Nicholas Kurti, aujourd'hui décédé, quand nous avons décidé de créer la gastronomie moléculaire. Le programme initial de la discipline – que nous voulions scientifique – que nous avons d'abord nommée gastronomie moléculaire et physique, comportait cinq points: (1) explorer les recettes; (2) recueillir et tester les tours de main, dictons, adages, maximes, trucs ou astuces culinaires; (3) inventer des mets nouveaux en se fondant sur les deux premiers points; (4) introduire en cuisine des méthodes, du matériel et des ingrédients nouveaux; (5) utiliser l'attrait du public pour la cuisine afin de montrer les beautés de la science.

Ce programme était fautif, parce que nous voulions définir une discipline scientifique… mais que les points (3), (4) et (5) ne relèvent pas de la science. Montrer que les sciences sont belles? Le projet est louable, mais ce n'est pas de la science; c'est de la «communication». Inventer des mets nouveaux? Brillat-Savarin nous a dit que c'était mieux que de découvrir des étoiles, mais c'est alors de l'invention, pas de la découverte; donc c'est de la technologie, pas de la science. Introduire

en cuisine des méthodes, matériels ou ingrédients nouveaux? Très bien, mais ce n'est toujours pas de la science; c'est de la technologie, au sens où cette activité d'«ingénieur» vise à perfectionner la technique. Et il est vrai que les techniques culinaires méritaient de changer, dans les années 80. Les chinois, les tamis, les casseroles, les fouets...? Des ustensiles présents depuis des siècles: la cuisine se pratiquait comme au Moyen Age, elle roulait en char à bœufs, s'éclairait à la bougie! A l'heure où l'on envoie des sondes vers Mars, n'était-il pas temps que l'on donne aux cuisiniers des méthodes, ingrédients ou ustensiles nouveaux, afin de leur faciliter le travail... en vue d'arriver à mieux maîtriser le goût?

Oui, les cuves à ultrasons font des émulsions mieux que des fouets. Oui, les alginates font des gels qui résistent à la chaleur. Oui, les siphons font des mousses merveilleusement légères. Oui, l'azote liquide fait (notamment) des sorbets délicats comme les premières neiges. Oui, des chalumeaux font des crèmes brûlées aux croûtes plus maîtrisées que des fers chauffés au feu... C'est cette cuisine, rénovée dans ses pratiques, que la presse a, pendant quelque temps, nommée gastronomie moléculaire. Confusion! La gastronomie moléculaire, nous l'avons vu, c'est de la science et non de la cuisine. Il a fallu proposer rapidement un contre-feu. Le mot «moléculaire» étant lâché, nous avons dû nous résoudre à remplacer le «gastronomie» qui le précédait par le mot «cuisine», noble et juste. Et voilà cette «cuisine moléculaire», qui fait couler tant d'encre. Une cuisine rénovée, qui ne s'embarrasse pas du chinois quand elle dispose de meilleurs filtres. Qui ne se limite pas à la gélatine et à la pectine pour faire ses gels. Qui ose employer de l'azote liquide pour produire des mets nouveaux. Et, surtout, qui ne se limite pas à la tradition! Qui ne s'arrête pas, en bégayant, aux livres de cuisine des siècles passés.

QUE DEVIENT LA TRADITION?

La cuisine moléculaire est à la mode, certes, mais c'est une transition qui était indispensable. Que devient la tradition, dans cette affaire? Devons-nous mettre la cuisine classique, traditionnelle, au musée?

Méfions-nous des mots: ces questions suscitent, je le sais, une réaction quasi viscérale, qui conduit à taxer d'assassins ceux qui osent évoquer la disparition (impossible, pourtant) de la cuisine connue dans l'enfance. A ce propos, on serait bien avisé de lire ou de relire *La vie de Galilée*, de Bertold Brecht:

«Federzoni: – Vous serez étonné: il n'y a pas d'enveloppe des sphères.

Le philosophe: – Tous les manuels vous diront qu'il y en a, mon bon monsieur.

Federzoni: – Alors qu'on nous donne de nouveaux manuels.»

Oui, que l'on nous donne de nouveaux manuels, mais des manuels qui mêleront l'ancien et le nouveau. Ce que l'on n'a pas voulu entendre, dans le grand débat de la cuisine moléculaire, c'est qu'elle ne relègue pas la cuisine classique au musée. D'une part, elle n'en a pas la possibilité. D'autre part, nous n'avons pas à choisir, et nous pouvons tout garder: Bach, et Mozart, et Beethoven, et Debussy, et... Tout, gardons tout ce qui est beau, tout ce qui est bon. Gardons la cuisine traditionnelle quand elle est bien faite, mais ne cessons jamais de la questionner pour ne pas être esclaves de nos fantasmes. Osons dire que «la» choucroute n'existe pas. Pas plus que «la» fondue au fromage. Pas plus que «le» cassoulet. Il y a des choucroutes, des fondues, des cassoulets. Autant de choucroutes, de cassoulets ou de fondues qu'il s'en fait quotidiennement: certains sont bons, d'autres médiocres, et aucun plat particulier n'a le pouvoir de faire juger bon la totalité des plats de sa catégorie. Une bonne choucroute ne fait pas plus la choucroute bonne qu'une mauvais choucroute ne fait mauvaise la choucroute. Ce vieux débat de l'idéalisme platonicien contre le réalisme aristotélicien pourrit les discussions gastronomiques. Malgré ma passion pour la philosophie de Platon, je propose de ne pas oublier Aristote.

De surcroît, la tradition est – étymologiquement – ce qui se transmet. Si bien que sera bientôt «traditionnelle» la glace à l'azote liquide, ou la perle d'alginate. Déjà, de jeunes cuisiniers entrent en activité, alors qu'ils ont toujours vu ou entendu parler de ces réalisations. Pour eux, la découverte de continents culinaires considérés comme nouveaux par les Classiques est une vieille lune, et seul compte ce qui est devant eux. Ce qui est derrière est irrémédiablement derrière: le fraîchement passé, comme le passé plus ancien. Pis encore, si le fronton de la Bibliothèque universitaire de Boulder (Colorado) porte la mention «Tout homme qui ne connaît que sa génération est un enfant», c'est bien l'indication que nombre d'entre nous méritent qu'on leur redise de regarder mieux derrière eux. Parce qu'ils ne regardent qu'autour d'eux.

Que voient-ils, alors? Ils voient beaucoup de restaurants un peu vides: ce sont les restaurants classiques, désuets, périmés, poussiéreux… On a fini de s'y amuser, et ces conservatoires qui n'ont pas su raviver leurs couleurs se sont fanés. Qui d'entre nous veut y entrer, sinon poussé par la nostalgie ou par la curiosité qui fait entrer dans certains musées? Et puis, nous voyons des restaurants pleins: ce sont ceux où il se passe toujours quelque chose de neuf. On y donne des nouvelles fraîches de la cuisine! On y déguste des mets nouveaux, ces mêmes mets nouveaux qui faisaient l'admiration de Brillat-Savarin.

Bien sûr, la combinatoire des goûts étant infinie, on aurait pu continuer longtemps à changer les paires de goûts associés dans les mets, mais des changements plus radicaux ont voulu s'introduire. Et ils sont maintenant établis. La cuisine ne reviendra pas en arrière: elle ne reviendra pas à l'emploi exclusif du pied de veau pour faire des gelées, parce qu'il est inutilement fastidieux de clarifier des gelées de pied de veau, qu'il n'est pas confortable de s'éclairer à la bougie, qu'il n'est pas rapide de voyager en char à bœufs.

Et après?

Que mangerons-nous demain? La cuisine moléculaire ayant maintenant une quinzaine d'années, les novateurs qui s'y sont lancés les premiers sont déjà classiques, et nombre de jeunes cuisiniers ne s'étonnent plus des avancées de ceux qui ont porté la cuisine moléculaire sur le devant de la scène. Quel sera leur nouveau terrain de jeu? Comment relègueront-ils leurs ainés dans le classicisme?

Il y a quelques années, j'avais proposé qu'ils se livrent à de la cuisine «note à note», qui aurait fait usage de molécules, en vue de composer la musique du goût, type moléculaire par type moléculaire. Par exemple, la sauce Wöhler était conçue comme une sauce entièrement synthétique, à partir d'eau, d'éthanol, de glucose, d'acide tartrique, de composés phénoliques, de gélatine et de beurre. Son nom avait été donné en mémoire du grand chimiste allemand Friedrich Wöhler, qui, le premier, parvint à synthétiser une molécule organique (une molécule présente dans un organisme vivant), à partir de composés du monde minéral, démontrant qu'il n'existe pas de barrière chimique entre le vivant et l'inanimé.

La sauce Wöhler est-elle bonne? Elle est bonne si elle est bien faite, et mauvaise si elle est mal faite (mais il faudrait prendre la peine de savoir ce qui est «bon» et ce qui est «mauvais»). De même, la cuisine moléculaire n'est ni bonne ni mauvaise, ni molle ni dure, ni… Elle est ce que le cuisinier en fait. Un cuisinier attentif, soigneux, sensible, fera une «bonne» cuisine, qu'elle soit bourgeoise, nouvelle ou moléculaire! Et un cuisinier sans soin, sans réflexion, fera quelque chose de médiocre. Comme pour la choucroute, le cassoulet ou la fondue, rejetons la généralité: la «cuisine moléculaire» n'est pas une, mais il y en a autant que de cuisiniers qui la pratiquent. Pour en revenir à la sauce Wöhler, elle est le prototype de cette cuisine note à note, où le cuisinier fait un travail infiniment précis en composant ses mets molécule par molécule. J'ai fait machine arrière, et, si je crois qu'elle s'introduit inéluctablement, je préfère ne pas la promouvoir, parce que, de la part d'un chimiste, ce serait une demande pro domo, partisane.

Non, je préfère évoquer le «constructivisme culinaire», qui est cette façon de cuisiner qui ne se soucie plus de la tradition, de la cuisine classique, mais qui cherche à élaborer les mets en vue de l'effet qu'ils font. C'est pour obtenir des effets que le cuisinier impo se des formes, des couleurs, des consistances, des saveurs, des odeurs, des températures, des architectures… Et là, ce qui est merveilleux, c'est qu'il faut travailler. Travailler sans se soucier de classicisme ou de modernisme; travailler en vue de recueillir des relations entre des organisations et des sensations données au mangeur.

Evolution

Est-ce cela que Denis Martin nomme «évolution»? Evidemment, la cuisine moléculaire, au sens d'une cuisine nouvelle, qui intègre de nouveaux ingrédients, ustensiles ou méthodes, est une cuisine évoluée, par rapport à la cuisine classique. Mieux, je propose de penser qu'elle a été une transition. La mutation est maintenant opérée, et une nouvelle évolution doit avoir lieu. Il lui faudra un nouveau nom, et je préférerais que la prochaine tendance culinaire soit le «constructivisme culinaire», parce qu'il y a du travail à faire, un travail passionnant, qui fournira des connaissances nouvelles, lesquelles, communiquées aux jeunes cuisiniers, leur permettra d'aller plus loin que leurs prédécesseurs.

Que deviendra le terroir, dans cette aventure? Il faut le questionner, tout d'abord: dans notre monde, où la communication l'emporte souvent sur le réel, il est nécessaire de bien savoir ce qu'est vraiment le terroir. Si c'est une forme de protectionnisme, disons-le; mais quand le sol, le climat, l'environnement, les procédés sont la clé de produits remarquables, reconnaissons-le vigoureusement! Travaillons pour séparer le bon grain de l'ivraie, pour reconnaître les véritables terroirs des terroirs de pacotille. Il y faudra de la chimie, de la physique, de la microbiologie. Il faudra des études analytiques fines, fondées sur les méthodes scientifiques les plus modernes. Ce qui prouve que la science n'est pas l'adversaire du terroir, au contraire: c'est sans doute son meilleur allié! De même que la chimie n'est pas opposable à la cuisine: c'est un allié merveilleux, à condition de bien comprendre la différence entre la production de connaissances nouvelles et leur utilisation.

Pour la même raison, la gastronomie moléculaire n'est pas opposable à la cuisine, mais c'est une clé de son développement. N'oublions pas qu'un des projets importants de la gastronomie moléculaire est le recueil et le test des dictons, adages, maximes, on-dit, trucs, astuces… culinaires. Il ne s'agit pas de réfuter les savoirs anciens, mais, surtout, de rechercher dans les observations des cuisiniers du passé des phénomènes que nous n'aurions pas vus. Par exemple, contre toute attente, il est exact que les cochons de lait rôtis ont la peau plus croustillante quand on leur coupe la tête au sortir du four. Ou que les fruits rouges bleuissent au contact de l'étain altéré. Il est exact que des poires cuites avec de l'eau et du sucre peuvent rougir... dans certaines circonstances que la science détermine.

Le monde culinaire est une corne d'abondance : à côté des mets, il y a des phénomènes, que la science explore. Viendra ensuite le temps des applications des connaissances nouvelles...

LA CUISINE, ACTE INTIME, QUI SE MOQUE DU BRUIT ET DE LA POUSSIÈRE DU MONDE

Finalement, le livre de Denis Martin est-il un livre de cuisine moléculaire ? Oui et non. Oui, parce que Denis Martin est l'un de ceux qui ont osé, contre l'avis de beaucoup, aller explorer des territoires nouveaux. Oui, parce que Denis Martin a eu le courage de rénover pratiques, méthodes, ustensiles, ingrédients.

Toutefois, c'est d'abord un livre de cuisine. De « vraie » cuisine, laquelle se préoccupe d'abord du goût des mets. Denis Martin ne change ses pratiques, méthodes, ustensiles et ingrédients que dans la mesure où les changements sont la clé d'améliorations, la possibilité d'obtenir des effets gustatifs inaccessibles autrement. La première neige !

Cette cuisine n'est pas une cuisine tape-à-l'œil ; ce n'est pas une cuisine d'épate. Elle se moque du bruit et de la poussière du monde ; elle se moque de l'avis de quelques critiques gastronomiques grincheux. Au contraire, c'est une cuisine sensible, une cuisine qui ne se satisfait jamais de son imperfection humaine. « Il faut tendre avec efforts vers la perfection sans y prétendre », disait le chimiste Michel-Eugène Chevreul. Tous les moyens (honnêtes) sont bons à Denis Martin pour donner à ses convives des sensations, des émotions qu'il ressent lui-même. Qu'est-ce que l'art ? Quels sont ses rouages ? La discussion n'aura pas de fin, et c'est le propre des grands artistes que de ne pas « être assez insensé pour être assuré de ses certitudes ». La recherche, encore la recherche ; changer, changer tout, changer encore, changer sans cesse...

Il faut du courage pour mettre les premières neiges dans une assiette !

HERVÉ THIS

«IMAGINE UN CLOCHER...»

Je m'en souviens comme si c'était hier... Alain Malaclet, alors jeune chef de cuisine à Villars sur Ollon, guide mes premiers pas d'apprenti en cuisine. Ses phrases résonnent encore à mon esprit et ont marqué définitivement ma conception de la cuisine. Alain Malaclet va me donner l'essentiel de ce que seront mes convictions. «...tu sais Denis, il faut aller droit au but, comme un skieur. Imagine un clocher... si tu tires toutes les cloches en même temps, tu ne feras qu'une cacophonie. Mais... si tu fais sonner une cloche après l'autre, tu commenceras une symphonie!» Alain m'avait donné son secret et le début d'une ligne que j'allais tracer jusqu'à aujourd'hui.

Et pourtant, que la vie d'apprenti était dure en ce temps-là. Mes parents m'avaient prévenu... «Tu verras, ce sera dur...» Et en effet, quand on n'a pas 15 ans, les horaires, les efforts physiques épuisants, aller chercher la boille de lait tous les matins, désosser des pièces entières de bœuf et de veau, parer la viande. A Villars, tout était fait maison: les pâtes fraîches, les conserves d'été pour l'hiver. Et avec une exigence dans l'organisation, la propreté et la rapidité, d'une manière si rigoureuse qu'elle m'a marqué. Je découvrais à la fois des produits dont j'ignorais l'existence, le respect absolu de ces beaux ingrédients et, en plus, la maîtrise de ce chef que j'admirais. Alain Malaclet a été l'architecte de ma vie professionnelle, je lui en suis reconnaissant pour toujours.

Mon patron possédait aussi un restaurant de pistes de ski, où la rapidité était primordiale, et un gastro. Ma formation a été complète. J'y ai tout connu et très jeune.

Avant de devenir un créateur, il me fallait cette formation sans failles. C'est, chaque jour, ce discours que je tiens à mes collaborateurs.

MERCI ! J'AI TROUVÉ MA LIGNE... GRÂCE À VOUS!

Je suis sorti un soir en pleurant de chez Frédy Girardet: mon bonheur dans ce métier et le monde de la gastronomie lui doivent tout. J'avais vécu à sa table le miracle de la perfection. Bien que je me sois éloigné de sa vision si précise de la gastronomie, il reste dans mon esprit le Maître de ce domaine. Et chaque jour, je fais référence à l'épure qu'il donnait à son travail, ses plats, sa manière de respecter le produit.

Cependant, je n'ai pas trouvé ma ligne du jour au lendemain.

Ce chemin est le fruit d'une réflexion au quotidien. Et je n'ai rien fait seul. Clara, mon épouse, a su retenir mes excès et pacifier mes doutes, elle a

consolé mes déceptions et m'a soutenu à chaque instant. Elle a aimé mes choix et ma vision. Nos familles respectives, qui ont craint que je ne m'engouffre dans l'impasse d'une cuisine trop originale, m'ont aussi aidé dans ma démarche. Mes proches ont compris que la créativité ne pouvait naître et durer que s'ils étaient à mes côtés et m'aidaient à me construire en critiquant et commentant mon travail.

Il y a les compagnons et amis de toujours. J'aimerais tous les citer car ils le méritent!

Les deux PA, Fifi et Suzanne, Nicole et Françis, Marie-Claire et Martial, Bouby, Nanar, Dédé et Marie-Christine, Claude et Thierry, l'autre Denis, avec Lorna, Yasmina et Reynald, Ennio, Roland qui n'est plus, Catherine et Christine, Fanny et Gordon. Tous amis et... hélas, parfois souffre-douleur... car c'est sur leurs palais que je teste les plats, pas toujours réussis du premier coup!

Il y a encore – précieux comme mes yeux et mes sens – les collaborateurs d'autrefois et ceux d'aujourd'hui. Sans eux, je n'aurais pas pu évoluer.

A sa manière, chacun a participé à ma démarche, par ses commentaires, suggestions ou désaccords. Ma ligne est aussi née de leurs réactions et réflexions.

Les clients du restaurant, sans qui je ne pourrais pas partager mon bonheur et ma passion. Un musicien sans public? C'est si triste.

La salle donne écho à la cuisine, l'une sans l'autre ne sert à rien.

Oui, je sais, je n'en finis pas de citer ceux qui ont contribué à ma ligne culinaire, car ils sont si nombreux! Pierre Gagnaire dont la signature si personnelle m'a ébloui et qui m'apporte un immense bonheur à sa table. Et Ferran Adrià, le grand chef catalan qui a été pour moi une révélation marquante. Il reste un modèle, un Maître de l'invention, de l'humour et du professionnalisme. Son Art me parle au plus profond de mon âme...

Hervé This, que je cite comme un de mes collègues, le grand analyste des casseroles et des phénomènes qui s'y produisent. Ce frère, encore plus curieux que moi... me demanda un jour de résumer en trois lignes mon émotion à propos d'un plat. Cette définition, qu'il souhaitait que je précise en mots écrits, m'a pris du temps... Une fois la formule trouvée, ma cuisine en a été transformée. Merci Hervé!

Ma ligne, ma manière, parfois mes audaces, je les dois aussi aux médias qui ont cru en moi, jouant de leur influence et répercutant de mille façons, positive le plus souvent, mon état d'esprit. Ils ont été et seront encore...sans doute, les meilleurs porte-parole de cette vocation: aimer passionnément ce que l'on fait et le faire partager!

L'ENFANCE... DU GOÛT.

Quand mon père et ses amis tuaient le cochon à la ferme, j'en apprenais avec fascination toutes les étapes: les premières avec un peu de tristesse, puis, les suivantes avec une curiosité sans limites, ces étapes où la saveur à venir est en marche, riches de tours de main qui allaient nous permettre de manger tout l'hiver les multiples dérivés salés ou fumés. Mon père me faisait alors goûter la chair de la saucisse à rôtir crue et je pouvais donner mon avis sur la justesse de l'assaisonnement. Dans le registre du sucré, mes souvenirs formateurs sont tout aussi présents. Les femmes de la maison, ma mère en tête, sa sœur et mes deux grands-mères préparaient les conserves d'hiver dans une fête d'odeurs et de parfums saisonniers. Aucun produit du jardin, pas plus que ceux que la nature sauvage mettait à notre disposition, n'était négligé. Les limonades fraîches de l'été avaient été savamment préparées avec les citrons, le sucre, l'eau et le riz dans le rôle de déclencheur de fermentation. Elles pétillaient et moussaient avec des fragrances que je ressentais comme exotiques. Le ballet des fées domestiques reprenait avant l'hiver avec les préparations de cuisses de dames et les pâtes à bricelets, les biscuits de Noël qui embaumaient la ferme des jours durant. Avec un soin jaloux, mes magiciennes enfermaient ces merveilles sucrées dans des boîtes de métal, ces mêmes boîtes que nous ouvrions parfois en cachette. Il y avait les longues tresses du dimanche qui réunissaient les tablées de la famille, ces tresses dans lesquelles le beurre joue ce rôle si essentiel. Je me souviens qu'enfant, déjà, je reconnaissais un beurre d'été, floral, de celui produit en hiver. Les plats que je trouvais trop puissants à mon palais d'enfant sont devenus, au fil du temps et avec la passion qui s'enflamme, mes plats préférés: les atriaux à la saveur de foie accentuée, certains légumes caractéristiques comme le fenouil ou le céleri. Le goût, c'est un entraînement sportif.

Et ma formation du goût s'est développée encore dans l'apprentissage du métier que j'avais choisi. Mes parents, attentifs et soucieux, m'avaient prévenu des difficultés que j'allais rencontrer: horaires à l'envers de ceux de mes copains, fatigue physique... Je n'en ai pas démordu: je serais cuisinier. Ils m'ont aidé. Tous les jours. Aujourd'hui, je sais que je leur dois tout: ma passion, ma vie, ce livre.

N'en sont pas absents... mes beaux-parents.

Clara, originaire du Piémont, m'a fait découvrir cette cuisine de la terre et sa famille. J'ai vu son père écraser les pommes de terre, avec de la farine, pour en faire de fabuleux gnocchis. Ce travail est, à l'instar de la fondue

en Suisse, celui des hommes, occasionnellement en cuisine. Les tables recouvertes de produits maison, les meilleurs que j'aie dégustés: tonnato, charcuteries plus savoureuses les unes que les autres, le lapin élevé dans le jardin, toutes les merveilles que seuls les Italiens savent divinement préparer et divinement partager. Tout comme le bonheur d'être ensemble. Mon métier, c'est ça, c'est eux.

Et quand ils dégustent mes plats inspirés de leur cuisine, déstructurés et recomposés, je revois les tablées et les yeux qui brillent. Mon bonheur est là, dans ces instants précieux!

La cuisine moléculaire?

Serait-elle si différente de la cuisine classique? Comparons…:

La cuisine moléculaire — C'EST DE GRANDS PRODUITS
C'EST DU GOÛT
C'EST DE LA PASSION
et enfin… — C'EST DE LA TECHNIQUE

IL N'Y A DONC, SELON CES PRIORITÉS, AUCUNE DIFFÉRENCE ENTRE LES DEUX CUISINES.

Mais le mot moléculaire, devenu emblématique et incontournable, ne me plaît pas. Je préférerais cuisine d'auteur, un mot imprécis mais ô combien plus large et personnalisé. Je ne vais pourtant pas réussir à inverser la tendance. On va sans doute continuer longtemps à nommer moléculaire le travail et la voie nouvelle que j'explore avec d'autres amis. C'est sous le vocable d' «évolution» que cet ouvrage existe désormais. Il suggère que le mouvement entamé par Hervé This, Ferran Adrià et les dizaines d'autres collègues inventeurs est une évolution, soit un mouvement animé par une curiosité extrême, les interrogations à propos des réactions chimiques naturelles et la quête de la saveur la plus pure ainsi que des textures qui étonnent.

Dans les bureaux, cette évolution n'a-t-elle pas eu lieu, pour ne citer que ce monde? Le fax est désuet déjà, l'e-mail et l'ordinateur l'ont remplacé avantageusement. Pourquoi la cuisine échapperait-elle à tout changement?

Nos moyens techniques ne sont plus les mêmes, les instruments et le matériel ne sont plus ceux des années 60 ou 70, sans remonter au XIXe siècle.

Il reste cependant un axe essentiel à préserver à tout prix: le résultat final ne doit être que celui du Goût et de rien d'autre… Car les dérives, présentes et annoncées – de toute évidence prévisibles – risquent de nous déstabiliser: des riz bleus comme des Schtroumfs? des harengs confits au

sucre? des anchois à la confiture de fraises? Sous prétexte de prendre le train en route, et d'épouser – morganatiquement! – la tendance du moment, des filous pourraient contrarier l'image que nous aimerions partager entre chefs curieux: des sensations nouvelles, maîtrisées et logiques dont l'humour – parfois – n'est pas absent. Mais dont toujours la saveur parfaite doit être l'objectif ultime!

Je ne souhaite à aucun chimiste en herbe de se voir en Harry Potter des casseroles, il ferait fausse route. Chimiste n'est en aucun cas la base de notre merveilleux métier.

Certes, l'azote liquide est un sublimateur de goût, l'alginate donne des textures végétales uniques et raffinées. Mais un gourmet qui s'installe à ma table ne vient pas pour s'amuser, il vient déguster des plats, il vient manger une Cuisine. Avec un grand C. Un C majuscule comme celui de Classique, comme la Cuisine italienne, la Cuisine asiatique pour lesquelles j'ai, notamment et pas exhaustivement, un respect profond. Je réfute que la Cuisine et les Cuisines soient le motif combattant de chefs belliqueux, accrochés à des principes qui nient les principes différents qui motivent leurs collègues des métiers de bouche.

La Cuisine est grande et le restera si elle évolue encore.

Et que notre époque apporte sa contribution marquante à l'évolution de cet Art que j'aime passionnément.

Denis Martin.

FDNY
FDNY

SOMMAIRE

PRINTEMPS

ETE

AUTOMNE

Hiver

Astuces

La vigne chez Jean-René Germanier, Balavaud, Vétroz

Assemblage de cépages,

Chez Pierre-Alain Meylan, Ollon

Dégustation chez Varone & Bonvin, Celliers de Sion

Max Mulhaupt

Guy Sylvestre, Mulhaupt commestibles

Moulin & Huillerie de Sévery, famille Bovey

ÉVOLUTION D'UN MENU

Clara Martin, le chef de salle et démonstration d'une recette

LE PRINTEMPS

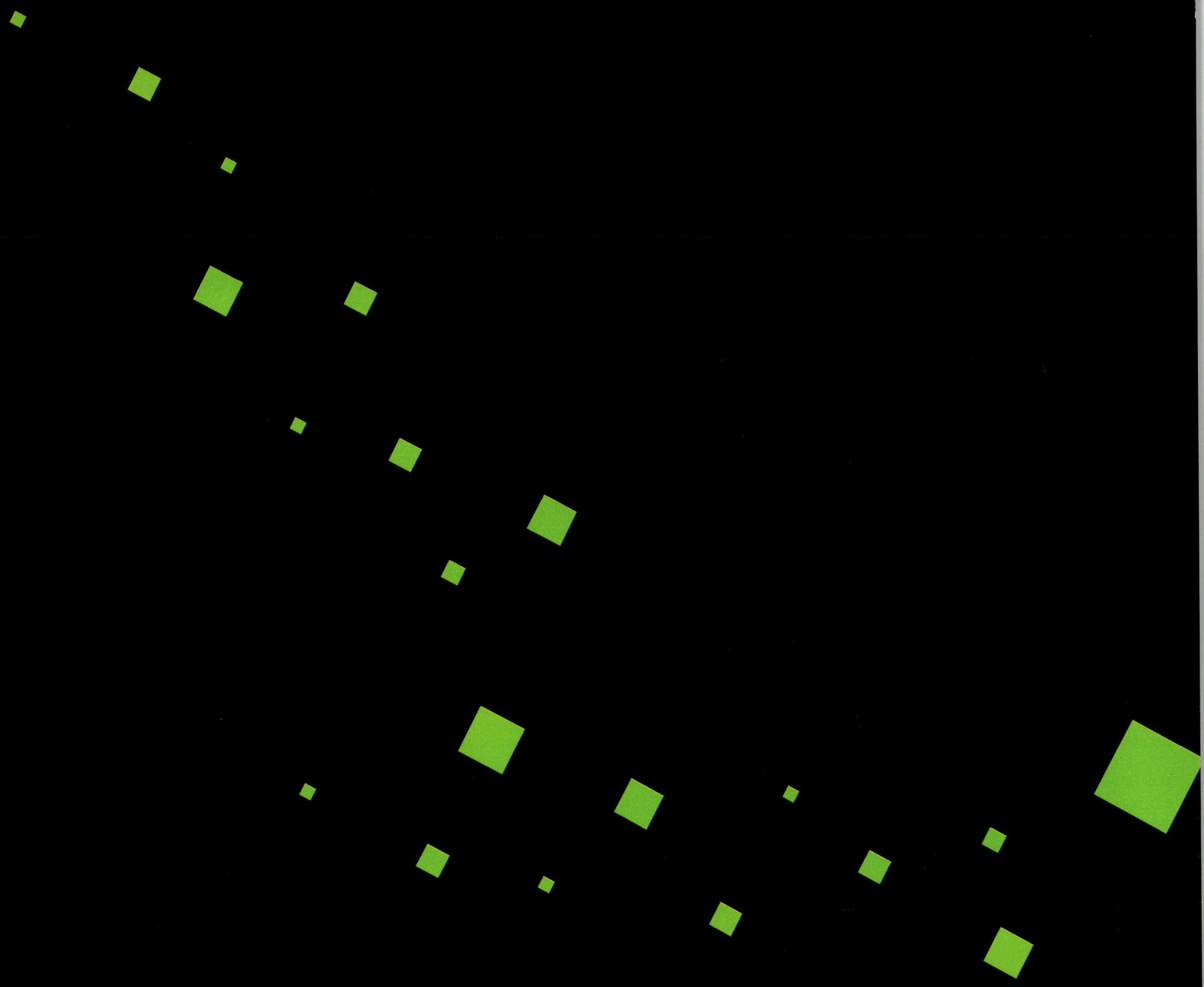

JE CHERCHAIS UN COCKTAIL
SOLIDE ET TRÈS AÉRIEN
STYLE «PINÀ COLADA»
AVEC UN FINAL EXCITANT
AU GOUT IODÉ DE SEL
ET D'AMERTUME DE CAFÉ

Coco, café, sel et rhum

Mixer le lait de coco, l'ananas, le rhum, le sirop et les blancs d'œufs puis incorporer dans l'émulsionneur, ajouter 2 capsules d'air, secouer et laisser 2 heures au frigo.

Verser dans des verres à digestif, saupoudrer de fleur de sel et de poudre de café.

2,5 dl	de lait de coco
1,5 dl	de jus d'ananas
½ dl	de rhum blanc
½ dl	de sirop de sucre
2 dl	de blanc d'œufs
1	pincée de fleur de sel
1	pincée de café fraîchement moulu

Pistaches caramélisées aux cinq épices

100 gr	de pistaches salées
30 gr	de sucre glace
1 c à c	de cinq épices
1	pointe de sel

Du croquant et de l’anisé avec votre apéritif.

Dans une poêle anti-adhésive chauffer les pistaches, ajouter le sucre glace, laisser caraméliser. Incorporer sans cuire le mélange de cinq épices. Etaler sur un papier gras et laisser refroidir.

Séparer à froid les pistaches qui se sont collées. Saler juste avant de servir.

SUCETTE AU WASABI

100 gr de sucre

1 c à s d'eau

1 c à s de vinaigre de riz

1 c à s de crème

10 gr de beurre salé

1 c à c de wasabi en pâte

Des bâtonnets à sucettes

Dans une casserole, chauffer l'eau et le sucre. Dès que le mélange commence a bouillir, ajouter le vinaigre, la crème et le beurre salé.

Sur un papier gras, déposer les bâtonnets, couler sur chacun un peu de masse chaude. Quand celle-ci prend, déposer un peu de wasabi par-dessus et bien laisser refroidir.

Rigolo et sympa pour l'apéro ou avec un poisson cru.

FOIE DE CANARD MARINÉ AUX DATTES ET GRENADE

240 gr	de foie de canard cru
24 gr	de sucre fin
1	pincée de sel fin
1	pincée de poivre blanc fin
1	pincée de gros sel
1 c à c	de mignonnette de poivre noir
4	dattes
1	grenade

Dénerver le foie de canard.

Assaisonner avec le sucre, le sel fin et le poivre blanc.

Le mouler dans un papier film (en forme de saucisson) puis le mettre dans le sac (sous vide) et faire le vide d'air.

Garder au frais 24 heures.

Déballer et couper en tranches de 1 cm.

Servir avec quelques filaments de dattes et quelques graines de grenade, assaisonner au moment de servir de gros sel et mignonnette de poivre noir.

■ LE FOIE DE CANARD EST SERVI LE PLUS SIMPLEMENT POSSIBLE. LA DOUCEUR DES DATTES S'OPPOSE À LA FRAÎCHEUR DE LA GRENADE.

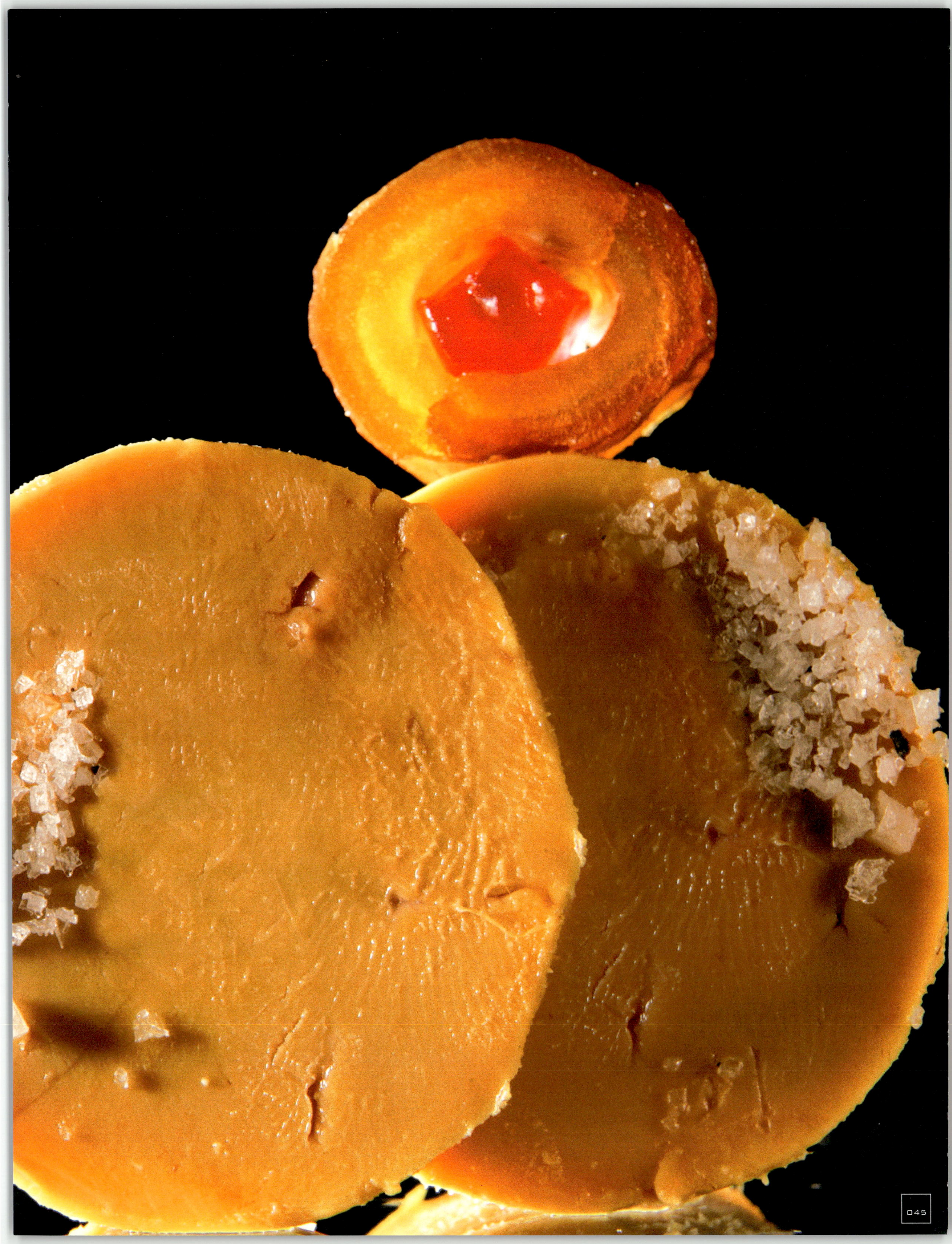

SUSHI BAR CROQUANT

120 gr de bar de ligne en filets

160 gr de thon rouge

1 filet d'huile d'olive extra vierge

1 filet de vinaigre de riz

sel fin, poivre blanc moulu

1 pointe de wasabi en pâte (épiceries asiatiques)

1 filet d'huile de sésame grillé

1 filet de sauce soja extra épaisse

80 gr de cacahuètes salées

1 c à s de sucre glace

gros sel

½ c à c de curry jaune en poudre

Caramel salé de cacahuètes

Dans une poêle, chauffer le mélange cacahuètes, sucre glace et curry, laisser caraméliser. Au dernier moment, ajouter une pincée de gros sel, étendre sur un papier gras jusqu'à complet refroidissement.

Tailler le plus finement possible les tranches de bar, les assaisonner de sel et poivre blanc.

Finitions

Couper en cubes les morceaux de thon rouge, les assaisonner de sel et de poivre, puis à l'aide d'un pinceau, enduire du mélange huile d'olive et vinaigre de riz les deux poissons. Enrouler le thon dans les tranches de bar. Dresser ces rouleaux sur assiette avec le wasabi, le caramel de cacahuètes et un filet du mélange huile de sésame et soja.

■ J'AVAIS TOUJOURS ENVIE DE MANGER UN POISSON CRU AVEC DU CROQUANT, MAIS AVEC UNE TEXTURE AUTRE QUE CELLE D'UN TOAST.
C'EST POUR CETTE RAISON QUE J'AI ÉLABORÉ LE CARAMEL SALÉ DE CACAHUÈTES.

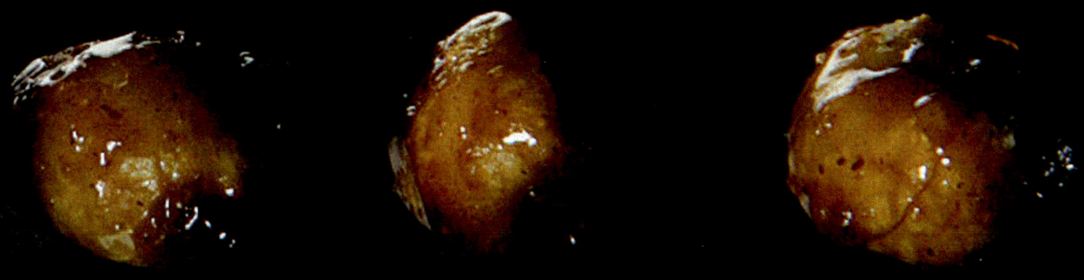

320 gr	de filet de veau	1	filet de vinaigre de vin rouge
40 gr	de truffes noires (mélanosporum)	1,5 dl	d'huile d'olive extra vierge
1	quartier de pomme verte (granny smith) avec la peau	1	pincée de gros sel
	sel fin, poivre blanc moulu	1 c à c	de mignonnette de poivre noir

Veau cru à l'italienne

Hacher au couteau le filet de veau (pas trop fin). Assaisonner de sel fin, de poivre blanc moulu, du vinaigre et de la moitié de l'huile d'olive, le solde en garniture.

Mouler le mélange soit à la cuillère, soit dans un emporte-pièce.

Poser dessus les lamelles de truffes noires ainsi que la pomme verte coupée en julienne. Au dernier moment, ajouter un filet d'huile d'olive extra vierge, une pincée de gros sel et une autre de mignonnette de poivre.

■ Ce plat est dédié à mes amis restaurateurs du Piémont, le pays d'origine de Clara mon épouse. En lieu et place de la truffe blanche, j'ai associé la truffe noire et ajouté la pomme verte pour donner ce coup de fouet qui apporte de la fraîcheur au plat.

En plus du côté ludique du plat, je me suis aperçu que l'extrême froid de l'azote liquide était un excellent concentrateur de goût.

L'ŒUF À -196°

ET CIGARE

AUX ÉPICES

4	jaunes d'œufs très frais
1	tranche de pain d'épices coupée en
4	bâtonnets dans la longueur
½	litre d'azote liquide
	fleur de sel
	mignonnette de poivre noir

Dans un petit bac en métal, poser les 4 mouillettes de pain d'épices.

Verser de l'azote dans 4 coquetiers jusqu'à mi-hauteur, incorporer les jaunes d'œufs sur l'azote, laisser quelques secondes, le temps que les jaunes prennent (l'intérieur doit rester coulant).

Egoutter l'azote restant. Parsemer les œufs de fleur de sel et de mignonnette de poivre.

Ajouter de l'azote sur les tranches de pain et laisser évaporer.

Servir de suite.

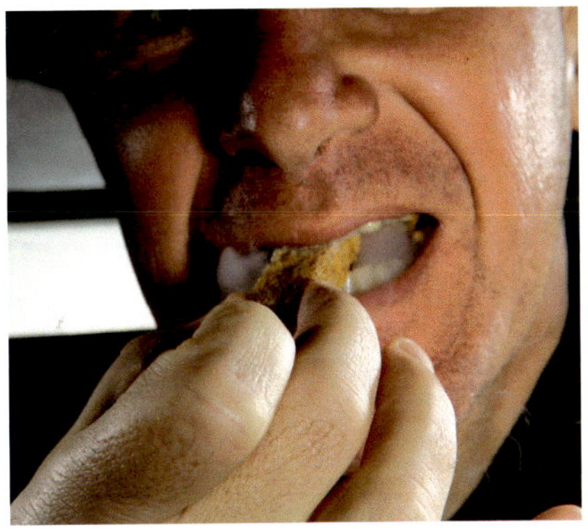

GASPACHO BLANC

200 gr	d'amandes fraîches pelées
2	gousses d'ail
100 gr	de mie de pain
1,5 dl	d'huile d'olive
1 dl	de lait
7 dl	d'eau
	une pointe de poivre de cayenne
1	morceau de pâte à pain

Etaler la pâte à pain le plus finement possible.
Découper des rectangles dans la pâte et les déposer sur un papier gras de pâtissier. Cuire au four à 200°.
Dès que la pâte est soufflée et prend une belle coloration, la retirer de suite.

Dans une casserole, chauffer l'eau, le lait et les gousses d'ail, porter à ébullition et mettre à rafraîchir sous le robinet d'eau froide et égouter.
Mettre à tremper le pain dans l'eau.
Dans le bol du mixer, joindre le pain, l'eau, l'ail, les amandes, l'huile d'olive, une pincée de sel et une pointe de poivre de cayenne. Mixer.
Dresser bien frais dans des verres, accompagner du pain soufflé.

■ Souvenir de vacances en Espagne avec mes parents.

Saint-Jacques, brick au sésame et passion

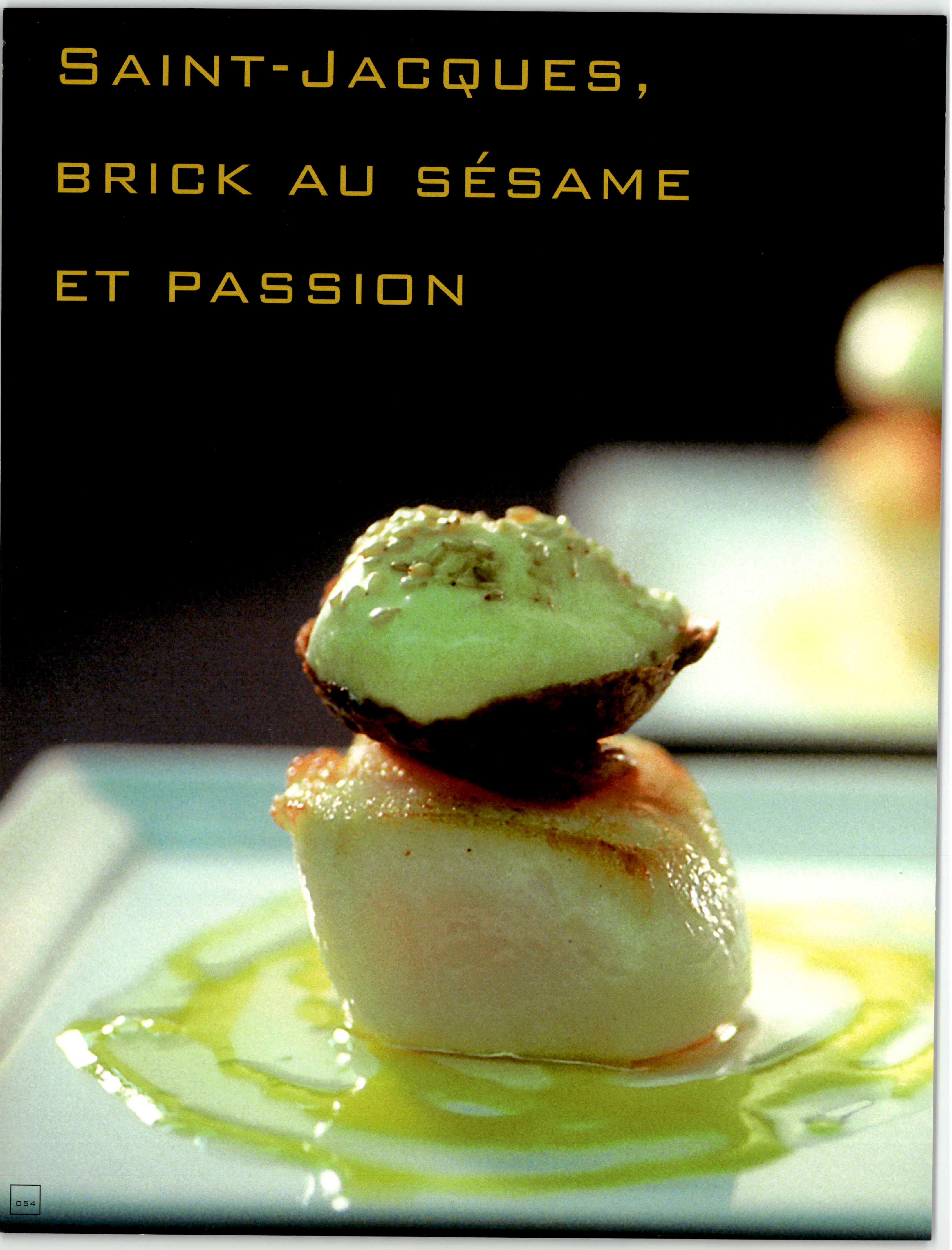

4	noix de Saint-Jacques
12	cercles de 2cm/2cm de feuille de brick
1 c à c	de graines de sésames rôties
2 c à s	de yogourt nature
2 c à s	de jus de fruit de la passion
3 c à c	d'huile de sésame

A l'aide d'un pinceau, humidifier les cercles de feuilles de brick avec 2 c à c d'huile de sésame. Dans des mini-moules à tartelettes de 2 cm sur 2 cm, superposer 3 feuilles de brick par personne, ajouter dessus un second moule à tartelettes et bien presser le tout, puis cuire au four à 250° jusqu'à coloration. Laisser refroidir dans les moules.

Mixer le yogourt avec les ¾ du fruit de la passion et laisser au frais.
Assaisonner de sel et de poivre et poêler les Saint-Jacques dans un filet d'huile d'olive juste 30 secondes de chaque côté.

Dans une assiette, déposer au centre les Saint-Jacques, puis disposer tout autour le solde de fruit de la passion et enfin, par-dessus, le solde d'huile de sésame.
Poser sur chaque Saint-Jacques une feuille de brick de sésame remplie de yogourt au fruit de la passion.
Si vous n'avez pas de cercles à tartelettes, cuisez vos feuilles de brick sur une plaque simplement à plat: le résultat gustatif sera le même.

L'Asie et l'Europe réunies dans un plat tout en simplicité, la réussite du plat dépend de la cuisson très brève des Saint-Jacques.

Dos de cabillaud

et

Ce plat très simple met en valeur le lard Colonnata, un produit d'exception, qui va se marier à une belle huile de noix et au cabillaud.

COLONNATA

ASPERGES SAUVAGES

Poêler les dos de cabillaud sur peau dans une poêle bien chaude puis baisser le feu et laisser cuire tout doucement. Sauter les asperges à l'huile d'olive avec du gros sel.

Dans une plaque allant au four, déposer les dos de cabillaud (aux ¾ de leur cuisson) puis, par-dessus les asperges, la tranche de lard colonnata. Glisser au four 1 minute.

Avant de servir, donner un bon tour de moulin à poivre sur le lard et une goutte d'huile de noix.

4	morceaux de dos de cabillaud avec la peau
4	tranches de lard colonnata
20	asperges vertes sauvages
1 c à s	d'huile de noix
1 filet	d'huile d'olive
1 c à s	de Xérès

Lisette, betterave reconstituée et oignons frits

Souvenir marocain d'Essaouira où j'avais mangé simplement sur le port des poissons bleus du genre lisette ou sardine. J'y ai ajouté mon goût du contraste terre et mer.

4 dl	de jus de betterave rouge crue
2 gr	d'agar-agar
10	gouttes de tabasco
20	rondelles d'oignon frit
1 c à c	de purée de citron confit au sel
16	fleurs de ciboulette (facultatif)
8	filets de lisette (petit maquereau)
½ dl	d'huile d'argan, huile marocaine

Gelée de betterave

Mélanger l'agar-agar au jus de betterave, chauffer à 80°, ajouter le tabasco et le sel. Mouler dans un récipient de 2 cm de hauteur et faire prendre au frigo.

Poêler légèrement les filets de lisette en conservant la chair saignante. Les déposer sur la gelée de betterave tranchée en rectangles épais et longs. Ajouter un peu de purée de citron confit au sel, les rondelles d'oignon frit, les fleurs de ciboulette et entourer d'un filet d'huile d'argan.

Rouget en texture d

citronnelle et

4	filets de rouget
7 dl	d'eau
3	tiges de citronnelle
1	pincée de piment thaï
3	branches de mélisse
3 gr	d'agar-agar
8	feuilles de kafir (feuilles de limonier)
	sel, poivre

E

SPRAY AU KAFIR

Texture de citronnelle

Porter à ébullition 5 dl d'eau avec une pincée de sel, y faire infuser la citronnelle et la mélisse durant 15 minutes sans bouillir. Ajouter le piment thaï et infuser encore 1 minute. Passer le tout. Chauffer le bouillon à 80° et incorporer l'agar-agar, couler dans un bac de 1 cm de hauteur. Mettre au frais.

Spray au kafir

Infuser au micro-ondes 2 dl d'eau et les feuilles de kafir avec 1 pincée de sel, passer et incorporer dans un appareil à sprayer, pomper pour obtenir la pression d'air.

Finitions

Assaisonner de sel et de poivre les filets de rouget et les poêler ensuite, avec un peu d'huile d'olive, côté peau uniquement. La cuisson doit être très courte. Couper des tranches de texture de citronnelle, les déposer dans une assiette froide, déposer par-dessus le filet de rouget, un peu de gros sel et sprayer au moment du service.

■ JEUNE CUISINIER, J'AIMAIS GOÛTER LES BOUILLONS LORSQU'ILS ÉTAIENT FROIDS. C'EST CETTE MANIÈRE QUE J'EXPLORE ICI ET QUI PERMET AUX SAVEURS DE SE RENFORCER.

Agneau aux flaveurs de romarin

600 gr	de filet d'agneau avec un peu de gras
1 botte	de romarin frais
1 dl	d'huile d'olive
1 c à c	d'échalote hachée
1 c à c	de cumin
1 c à c	d'harissa
1 c à s	de vinaigre de vin rouge
1 c à s	de tomates séchées et hachées

Poêler l'agneau côté gras en premier, le retourner après 3 minutes et continuer la cuisson 2 minutes. Enrober l'agneau dans la botte de romarin et ficeler. Laisser reposer au four chaud à 150° une minute.

Faire la vinaigrette en mélangeant l'huile d'olive, le harissa, le cumin, la brunoise de tomates séchées, l'échalote et le vinaigre.

Au moment de servir, brûler devant les convives le romarin à l'aide d'un chalumeau. Déballer l'agneau de son fagot de romarin, découper en tranches épaisses et servir avec la vinaigrette

■ J'aime passer un bon moment entre amis en dégustant ce plat sous une tonnelle un soir de canicule.
J'y retrouve les saveurs conjuguées de la Provence et du Maroc.

Minute de lapin aux asperges vertes

Il est important que le lapin soit à peine cuit.
Importante aussi votre générosité en huile d'olive qui va apporter à ce plat des senteurs de Provence et l'illusion des cigales !

ET LIMES

Dans une sauteuse, faire chauffer la moitié de l'huile d'olive jusqu'à ce qu'elle soit légèrement fumante, ajouter le lapin non assaisonné, le faire sauter quelques secondes, le retirer. Dans la même poêle, sauter les asperges quelques secondes puis ajouter le solde d'huile d'olive, le basilic émincé, le zeste de citron vert râpé et, au dernier moment, le lapin réservé. Assaisonner de gros sel et d'un tour de moulin à poivre, servir directement la sauteuse sur table.

Déposer un trait de balsamique sur la préparation.

4	filets de lapin émincés
4	asperges vertes
2 dl	huile d'olive verdale
4	feuilles de basilic
1	citron vert
1 c à s	de vinaigre balsamique vieux

COTON EFFET TIKI

1 c à s de sucre

½ c à c d'acide citrique

1 c à c de bicarbonate de soude

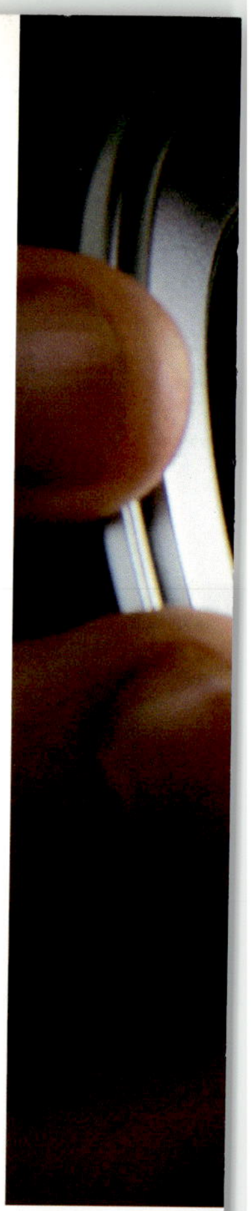

Verser le sucre dans la machine à barbe à papa et confectionner des boules style coton

Mélanger le citrique avec le bicarbonate de soude

Verser sur les cotons et déguster avec les doigts

■ Voilà un dessert amusant que vous pouvez laisser faire à vos enfants. Les parents se rappelleront des bonbons Tiki de leur enfance.

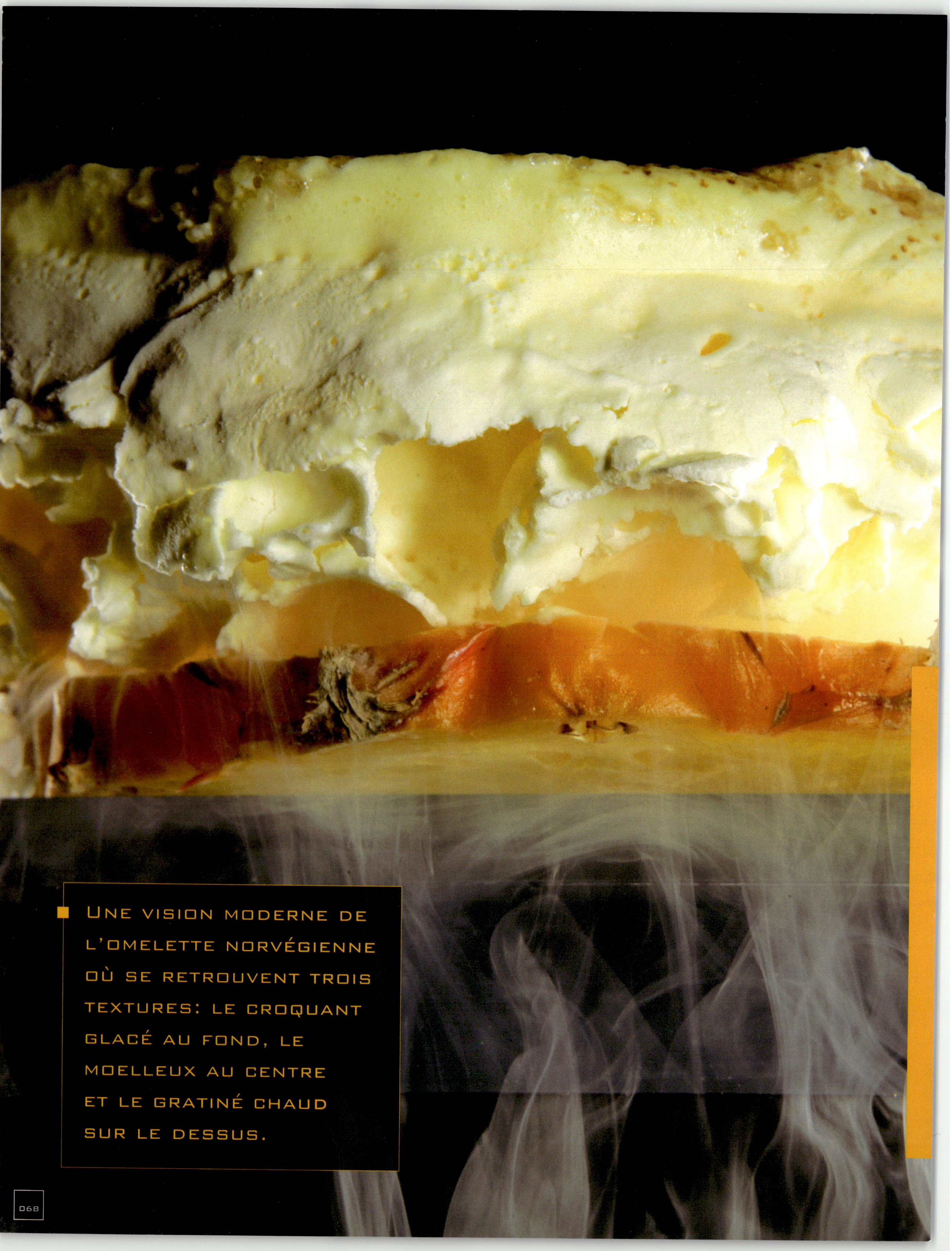

Une vision moderne de l'omelette norvégienne où se retrouvent trois textures: le croquant glacé au fond, le moelleux au centre et le gratiné chaud sur le dessus.

Omelette norvégienne à -196° et +1750°

Dans un émulsioneur, mélanger les blancs d'œufs, le sucre fin, la crème, le Grand Marnier et le jus d'orange, ajouter deux capsules de gaz et laisser une heure au frais.

Dans une sauteuse creuse de service (en argent ou inox) verser 1 litre d'azote, déposer à l'aide de l'émulsioneur un cercle de crème de 2 cm d'épaisseur, laisser prendre 10 secondes puis ajouter les ananas, puis à nouveau 1 cm de crème. Ajouter la cassonade sur toute la surface puis caraméliser au chalumeau.

3 dl	blancs d'œufs
½ dl	de crème
1 dl	de jus d'orange
80 gr	de sucre fin
1 c à s	de cassonade
4 cl	de Grand Marnier
140 gr	d'ananas taillé en julienne

CORNET À LA FLEUR D'ORANGER

60 gr	de beurre
180 gr	de sucre glace
4	blancs d'œufs
180 gr	de farine
1 c à c	de zeste d'orange
4 dl	de crème
1 dl	jus d'orange
1 c à s	d'eau de fleur d'oranger

Tuile à l'orange

Faire fondre le beurre dans une casserole. Dans un saladier, mélanger les blancs d'œufs, la farine, le sucre glace, les zestes d'orange puis ajouter le beurre fondu. Laisser reposer au frais une heure.

Crème à la fleur d'oranger

Verser dans un émulsioneur à crème chantilly le jus d'orange, la crème et l'eau de fleur d'oranger, ajouter deux capsules de gaz et secouer. Mettre au frais.

Cuisson des tuiles

Poser un papier gras sur une plaque allant au four. A l'aide d'une cuillère, faire des petits cercles de masse et mettre à cuire au four à 180° jusqu'à légère coloration. Décoller les tuiles à l'aide d'une spatule et les enrouler pendant qu'elles sont chaudes et souples autour d'une douille à pâtisserie de façon à obtenir des cornets. Remplir les cornets avec la crème à la fleur d'oranger.

■ Pour simplifier, on peut servir cette crème dans des verres avec les tuiles plates couronnant le dessert.

L'ÉTÉ

L'IDÉE DE REMPLACER L'EAU DE LA BIÈRE PAR UNE EAU DE TOMATE CRÉE UN MARIAGE NOUVEAU QUI ASSOCIE POUR LE MEILLEUR LE GOÛT DE LA BIÈRE ET CELUI DE LA TOMATE.

Bière de tomate sans alcool

1 kg	de tomates vertes
2 dl	d'eau et quelques glaçons
1 c à c	de malt séché en poudre
1 c à c	de houblon séché en poudre

Mixer les tomates vertes avec l'eau et les glaçons, filtrer ce jus au travers d'un filtre à café genre Mélita. On obtiendra ainsi une eau de tomate. Mélanger au mixer cette eau de tomate au malt et au houblon.

Verser ce mélange dans un appareil à eau de seltz et ajouter une capsule d'air, laisser reposer 1 nuit au froid.

Servir dans des verres à bière très frais.

Un coin de Thaïlande vu à travers

UN TEMPÉRAMENT (RECETTE SUIVANTE)

Toute la Thaïlande en bouche

En fermant les yeux, je retrouve ce pays d'Asie et ses Tom Yam ainsi que ses salades fabuleuses. Le voyage est immédiat, sans décalage horaire!

5 dl de lait de coco

3 gr d'agar-agar

1 pointe de couteau de pâte de curry vert

1 morceau de pastèque

1 c à c d'huile de sésame grillé

1 c à c de sauce soja foncée

4 c à s de purée de mangue nature

1 c à c d'encre de seiche

Gelée de coco

Chauffer le lait avec le curry vert à 80°, puis ajouter l'agar-agar, mettre au frigo dans un moule de 2 cm de hauteur. Laisser prendre.

Finitions

Dans une assiette creuse, à l'aide d'un pinceau, faire un trait au milieu de l'assiette avec l'encre de seiche, déposer dessus et côte à côte un cube de gelée de lait de coco et un cube de pastèque sur lequel on aura versé une goutte d'huile de sésame et une goutte de sauce soja, le tout escorté de purée de mangue. Assaisonner de quelques grains de fleur de sel et servir frais.

THON CRU, POIREAU, MENTHE ET TEMPURA DE CHÈVRE

4	tranches fines de thon cru
20 gr	de poireau cru émincé
4	feuilles de menthe poivrée
2 c à s	d'huile d'olive
1 c à c	de vinaigre de vin rouge
4 dés	de fromage de chèvre frais
4 dés	de pomme verte de 1 cm / 1 cm
1 c à c	de fécule
1 c à c	de farine fleur
1 c à c	de wasabi en poudre (raifort japonais)
	huile de friture

Pâte à tempura

Mélanger la farine et la fécule avec 1 c à s d'eau glacée.

Tempura de chèvre

Prendre dans la paume de la main un morceau de fromage de chèvre, déposer au centre un morceau de pomme verte, enrober la pomme avec le fromage et rouler avec les deux mains de façon à obtenir une boule. Déposer au frigo.

Rouleau de thon

Mélanger l'huile d'olive avec le vinaigre. Prendre la tranche de thon, l'humidifier à l'aide d'un pinceau avec le mélange huile / vinaigre, saler et poivrer. Déposer au centre la menthe puis le poireau émincé, rouler en boudin.

Chauffer la friture à 200°, passer les fromages de chèvre dans la pâte à tempura puis frire 1 minute, éponger puis saler.

Déposer le rouleau de thon dans l'assiette, ajouter le mélange huile d'olive et de vinaigre en filet tout autour et quelques pointes de wasabi délayé dans un peu d'eau. Assaisonner le thon d'un peu de gros sel et le tempura de chèvre.

Texture et température.
La pomme verte au centre
de la tempura de chèvre
doit rester croquante
et conserver son acidité.
Le thon associé à la menthe
donnera la fraîcheur.

THON AU CHOCOLAT BLANC ET PIMENT THAÏ

280 gr	de thon rouge
30 gr	de chocolat blanc
1	piment thaï cru
50 gr	d'huile de cacahuètes grillées
½ c à c	de wasabi
1	pincée de fleur de sel

Tailler les piments en fine brunoise. Fondre le chocolat blanc. Mélanger le chocolat blanc avec le piment. Etaler sur un papier gras et laisser prendre au frigo. Tailler le thon en 12 cubes bien réguliers. Les saler puis les déposer dans des cuillères à soupe chinoises, ajouter l'huile de cacahuètes grillées, une touche de wasabi et sur le côté le chocolat blanc. Terminer avec une pointe de fleur de sel.
Déguster à l'aide de la cuillère en une seule bouchée.

CE PLAT M'ENCHANTE PAR SA SIMPLICITÉ, MAIS AUSSI PAR UNE MISE EN PLACE RÉDUITE ET, SUPRÊME QUALITÉ: LE GOÛT EN SORT VAINQUEUR SI LES PRODUITS SONT IRRÉPROCHABLES.

Texture de raifort sans raifort

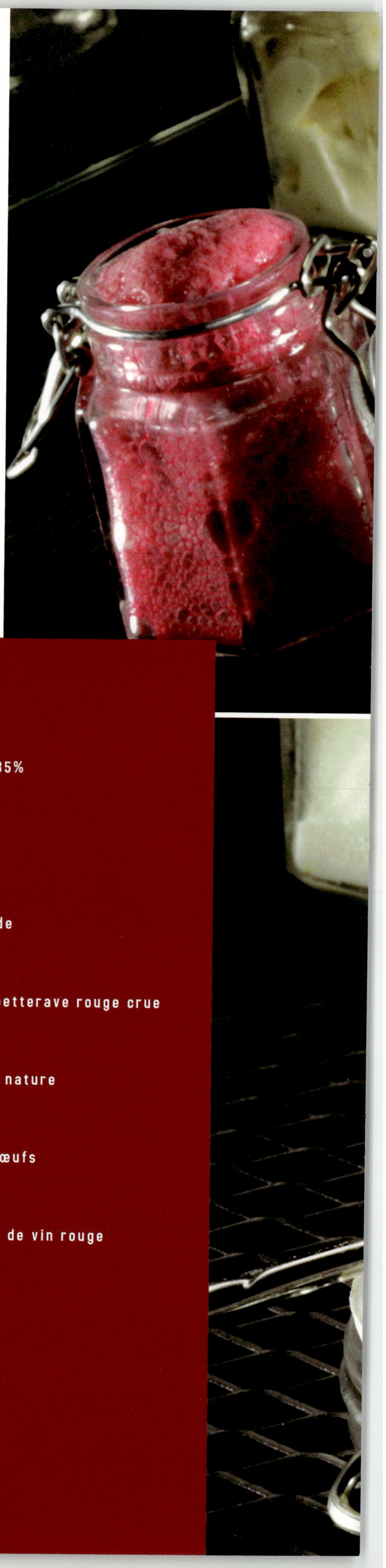

Glace moutarde

Faire bouillir ensemble le lait, la crème et le sucre en poudre. Retirer du feu et ajouter la moutarde. Laisser refroidir, puis faire prendre en sorbetière.

Mousse de betterave

Mixer le jus de betterave crue avec le yogourt, les blancs d'œufs, le vinaigre et le sel et poivre, incorporer ce jus dans un émulsioneur avec 2 cartouches, agiter vigoureusement et laisser reposer au frigo. Dans des petits pots, remplir à mi-hauteur de la mousse de betterave, puis d'une quenelle de glace moutarde, parsemer de fleur de sel.

2,5 dl	de lait
50 gr	de crème 35%
15 gr	de sucre
40 g	de moutarde
100 gr	de jus de betterave rouge crue
50 gr	de yogourt nature
350 gr	de blanc d'œufs
1 trait	de vinaigre de vin rouge
	sel, poivre

■ J'AI UTILISÉ LA BETTERAVE POUR SON CÔTÉ TERREUX QUI ME FAISAIT PENSER AU RAIFORT. LA NATURE ME SURPREND TOUJOURS ET ME MONTRE SOUVENT LA VOIE.

FRAÎCHEUR DE SAUMON ET PASTÈQUE

- 1 pointe de wasabi
- 4 cubes de saumon cru
- 8 cubes de pastèque
- 1 c à c de graines de sésame grillées
- 8 feuilles de menthe
- 1 c à s d'huile de sésame grillé
- 1 c à c de sauce soja

Paner le saumon avec les graines de sésame sans l'assaisonner.

Dans une assiette, déposer côte à côte un cube de saumon et un morceau de pastèque avec la feuille de menthe et une pointe de wasabi, arroser le tout avec le mélange (huile de sésame et soja bien mélangés à la fourchette).

Parsemer de cristaux de gros sel.

VOILÀ UNE ASSOCIATION PARFAITE DE FRAÎCHEUR AVEC LA PASTÈQUE, LA MENTHE ET LE SOJA, MARIAGE QUI SUBLIME LA SAVEUR DU SAUMON ET LE PORTE AU SOMMET.

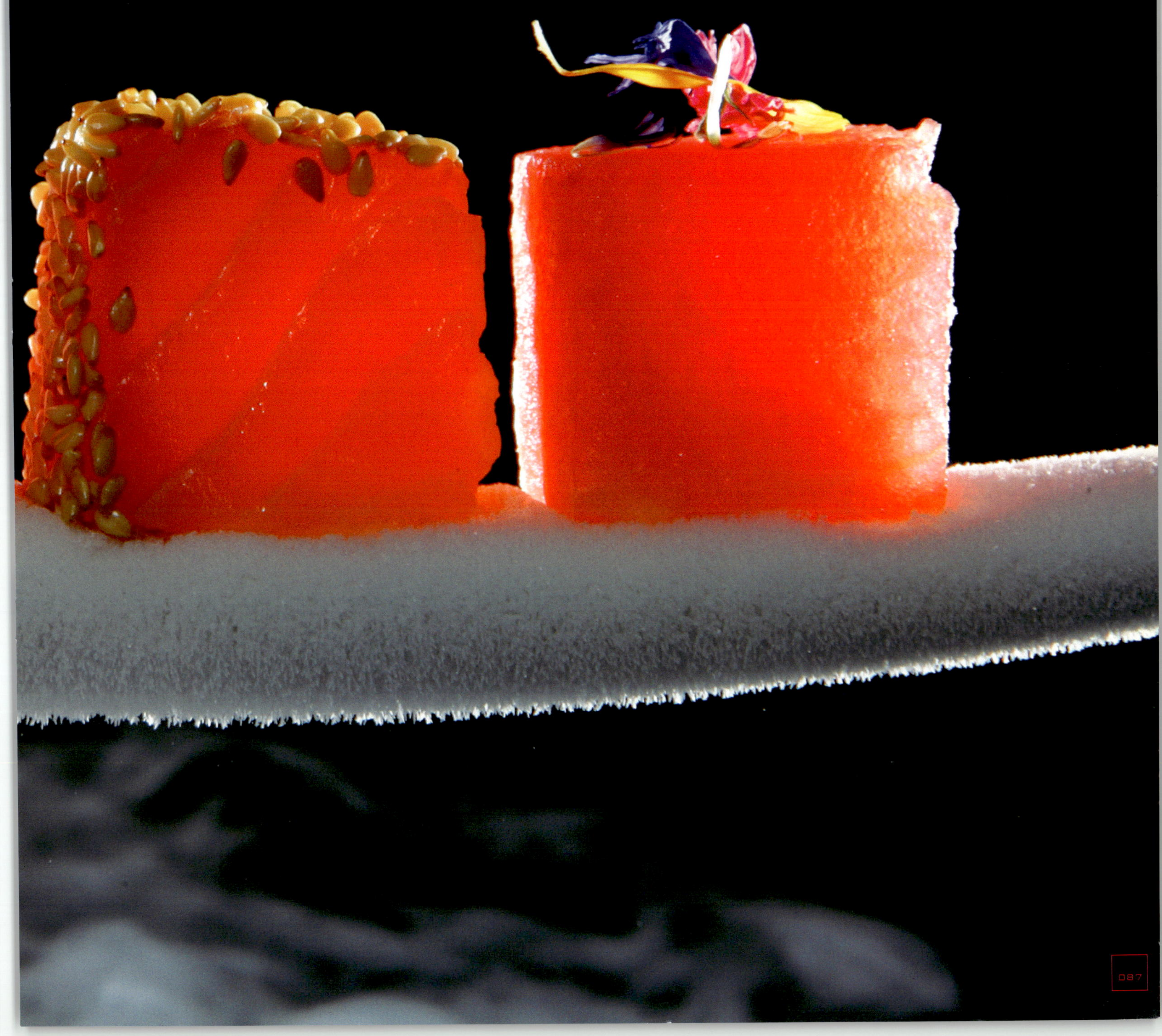

PÉTONCLES,
YOGOURT A L'ORAN

16	pétoncles
1 dl	de yogourt nature
2 dl	de jus d'orange
2 c à s	de camomille séchée
	huile d'olive extra vierge
	sel, poivre

Mélanger 1 filet de jus d'orange avec le yogourt.
Réduire de moitié le solde du jus d'orange avec la camomille et passer au chinois, glisser au frigo.
Poêler les pétoncles à l'huile d'olive quelques secondes seulement, la cuisson doit être très brève.
Dresser les pétoncles au centre, entourer de yogourt d'orange puis un trait de réduction à la camomille.
Terminer par un filet d'huile d'olive et du gros sel.

La plus grande simplicité parvient à sublimer encore ce beau produit qu'est la pétoncle.

GE ET CAMOMILLE

THON, ŒUFS DE SAUMON ET LARD

Dans une poêle, faire suer légèrement le lard taillé en lardons fins. Dès qu'il a pris une belle coloration, le retirer en gardant le gras dans la poêle. Assaisonner légèrement de sel le morceau de thon entier. Le poêler dans le gras du lard quelques secondes. Tranchez le thon en cubes réguliers.

Dresser le thon surmonté des œufs de saumon, les lardons, un filet d'huile de noix et un bon tour de moulin à poivre.

240 gr de thon rouge

30 gr de lard fumé

4 c à c d'œufs de saumon

1 c à c d'huile de noix

poivre du moulin

La simplicité très épurée du mariage de la terre et de la mer.

DAURADE, POIVRONS, SOJA ET

Un plat de caractère qui mêle la force des senteurs d'Asie et l'illusion d'un nuage d'amande. On peut ajouter encore un filet d'huile de sésame au dernier moment autour de l'assiette.

ÉCUME D'AMANDE

600 gr	de filets de daurade royale
1	poivron rouge pelé
2 c à s	de sauce soja
1 c à c	de cinq épices
1 c à s	de vinaigre de riz
1 c à s	de sirop d'orgeat
1 c à c	de lécithine de soja
3 dl	d'eau (déminéralisée)

Sauce soja

Mélanger dans une casserole la sauce soja, le cinq épices et le vinaigre de riz, réduire au ¾ pour obtenir une sauce très sirupeuse.

Ecume d'amande

Dans un récipient assez haut, mélanger l'eau froide déminéralisée, la lécithine et le sirop d'orgeat, mixer afin d'obtenir une belle mousse, mettre au frigo et recommencer l'opération.

Poêler les filets de daurade d'abord côté peau puis quelques secondes côté chair. Faire suer le poivron émincé dans un peu d'huile d'olive.
Au centre de l'assiette, dresser la daurade sur laquelle on coule un filet de sauce soja, puis les poivrons émincés et enfin le nuage d'écume d'amande.

Frites de supions souvenir de Chine

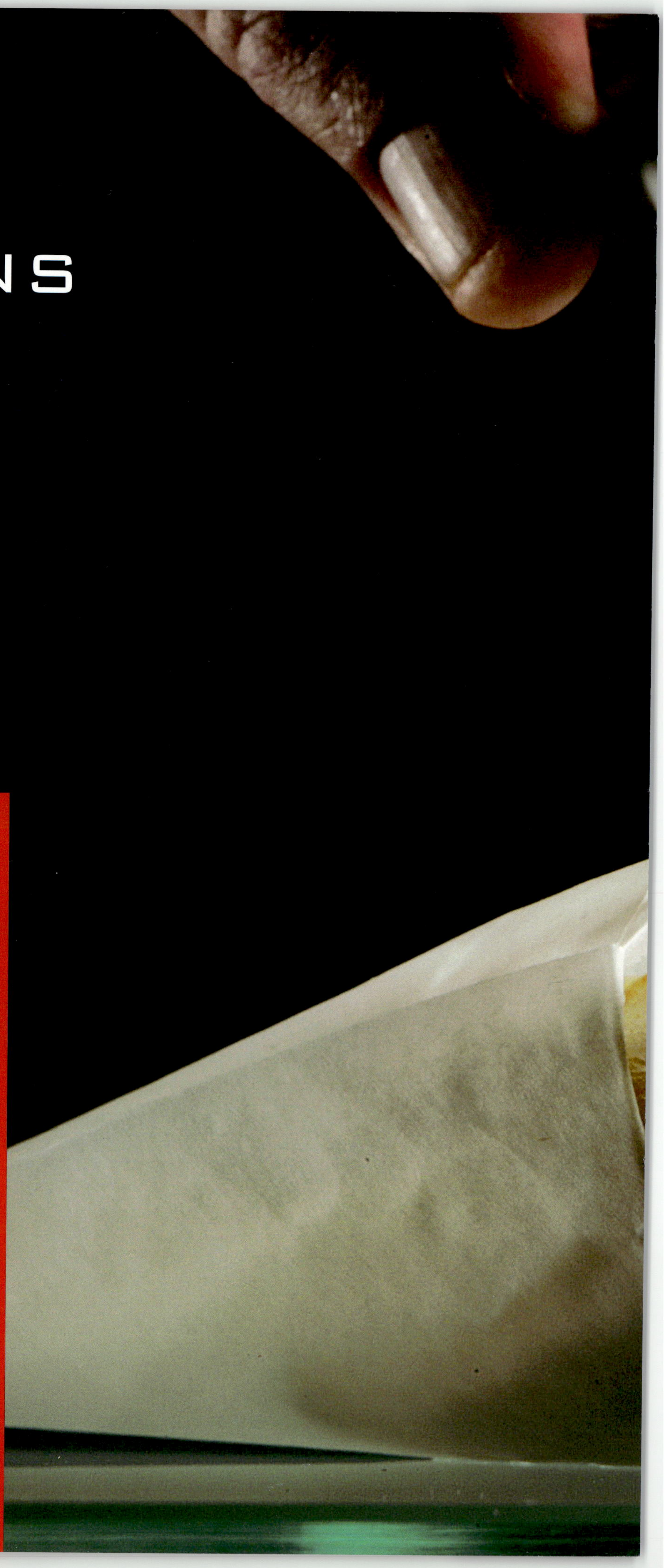

240 gr	de supions nettoyés
1 bain	de friteuse
1 c à c	de fécule de pommes de terre
1	poivron rouge pelé
1 dl	de vinaigre de framboise
3 dl	d'eau gazeuse
1 c à s	sucre
10	gouttes de tabasco

Sauce poivron

Dans une casserole, cuire le vinaigre, l'eau, le sucre et le poivron émincé et pelé ainsi que le tabasco. Cuire jusqu'à l'état de compote et laisser reposer sur le coin du fourneau puis mixer. Mettre au frigo.

Emincer finement les supions, bien les éponger dans un papier ménage. Les rouler dans la fécule puis les frire à 180°.

Eponger dans un papier ménage, saler et servir avec la sauce poivron.

■ DEPUIS LONGTEMPS, J'AVAIS ENVIE D'INTERPRÉTER CETTE SAUCE QUE J'AVAIS DÉGUSTÉE EN CHINE. J'AIME BEAUCOUP L'AIGRE-DOUX ET LA PUISSANCE DU PIMENT DANS CE PLAT.

SUPIONS FRAÎCHEUR

PEPPERMINT

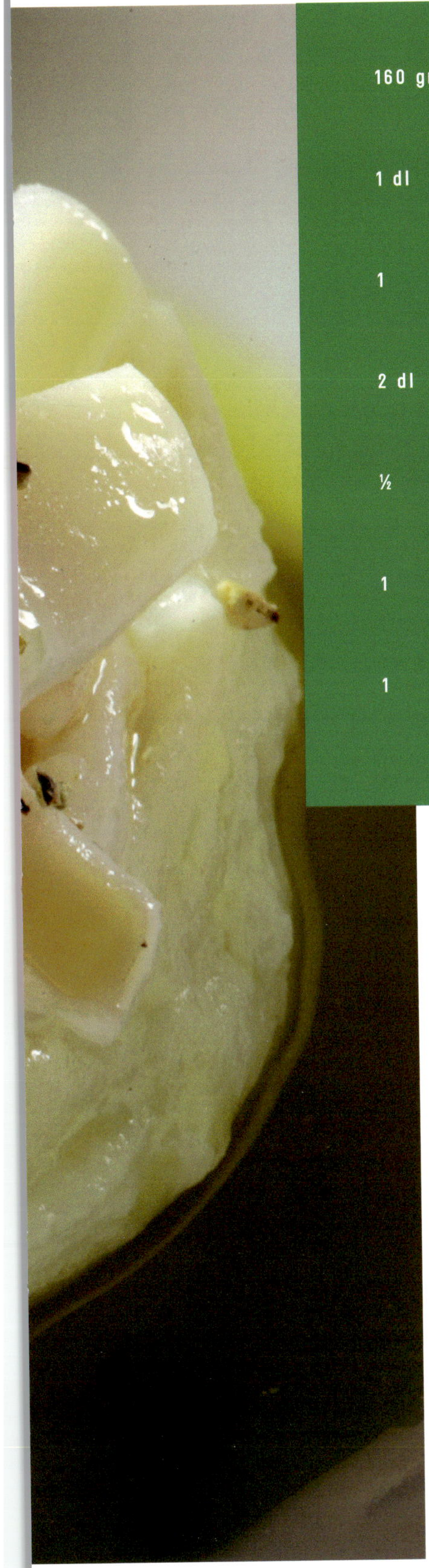

160 gr	de supions nettoyés
1 dl	d'huile d'olive vierge
1	bouquet de menthe poivrée
2 dl	de lait
½	pomme de céleri
1	pincée de mignonnette de poivre
1	pincée de gros sel

Purée de céleri

Dans une petite casserole, verser un filet d'eau, porter à ébullition, ajouter le lait, le céleri émincé et cuire jusqu'à l'état de compote avec une pincée de sel fin, passer au mixer puis mettre au frigo.

Huile de menthe

Verser l'huile d'olive dans un verre avec le bouquet de menthe, couvrir d'un papier film et chauffer au micro-ondes 1 minute. Réserver en laissant le film.

Finitions

Emincer les supions, les faire suer dans une sauteuse à l'huile d'olive tout doucement, ne pas dépasser les 60°. Cette opération ne dure que quelques secondes. Il ne s'agit pas de cuire les supions mais juste de les tiédir.

Dans une assiette creuse, déposer au centre la purée de céleri froide puis les supions tièdes, arroser le tout avec l'huile de menthe.

Ajouter une pincée de gros sel, un tour de poivre mignonnette et une mini-feuille de menthe.

La qualité du plat dépend de la cuisson des supions. Plus leur cuisson sera brève et douce, plus ils seront tendres. Avec un tel plat, on retrouvera la sensation du chewing-gum menthol de notre enfance, en plus raffiné...

Filets de perches du Léman aux 5 épices

600 gr	de filets de perches
2 c à s	d'huile de noisette
80 gr	de beurre
1 c à c	de 5 épices
1 jus	de citron vert

Saler et poivrer les filets de perches, les poêler à l'huile de noisette uniquement côté peau. Il faut cuire très peu ce poisson délicat.

Retirer les filets de perches de la poêle et verser dans cette même poêle le beurre et le 5 épices.

Laisser le beurre devenir noisette et ajouter le jus de citron vert.

Verser ce beurre chaud sur les filets de perches, servir.

Ce poisson déteste la surcuisson.
La réussite de ce plat tient dans la cuisson parfaite du poisson.

Bar de ligne à l'huile de persil et poivron

600 gr de filets de bar de ligne

1 poivron rouge pelé

100 gr de persil frisé

2 dl d'huile d'olive vierge

1 pincée de poivre de cayenne

1 pincée de fleur de sel

Huile de persil

Mettre dans un saladier 1,5 dl d'huile d'olive avec le persil frisé haché grossièrement et une pincée de sel, chauffer au micro-ondes 30 secondes puis passer au mixer avec le poivre de cayenne. Passer ensuite au chinois-étamine afin d'obtenir une huile bien verte et à la saveur prononcée de persil.

Finitions

Compoter doucement dans une casserole le poivron émincé avec le ½ dl d'huile d'olive et un peu de sel. Poêler les filets de bar d'abord sur la peau puis les retourner quelques secondes côté chair.
Servir avec les poivrons doux, l'huile de persil et une pincée de fleur de sel.

La fraîcheur de l'huile de persil mariée au poivron doux me fait aimer le contraste et l'originalité de ce plat sobre et coloré.

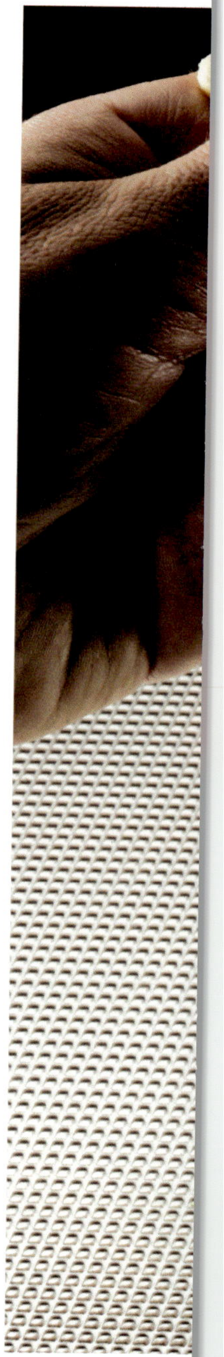

DOUX

Purée de pommes de

4	cubes de poires packam
10	feuilles d'estragon
2	fruits de la passion
2 cl	d'huile d'olive extra vierge
250 gr	de pommes de terre ratte
200 gr	de beurre
60 gr	de lardons grillés
½ dl	de pastis
1 dl	d'eau
½ gr	d'alginate
10 gr	d'acétate de calcium

TERRE RATTE

BILLES DE PASTIS

Purée de pommes de terre

Eplucher les pommes de terre puis les mettre à cuire sans eau avec une pincée de sel au micro-onde dans un saladier recouvert d'un papier film pendant 6 minutes. Les passer au presse-purée et les monter au beurre.

Billes de pastis

Mixer 1 dl d'eau avec le pastis et l'alginate. Laisser reposer 10 minutes puis mixer une ou deux fois. Mettre ce mélange dans un bec verseur, puis couler des billes dans un bain composé de 1 l d'eau et de l'acétate de calcium, laisser agir 2 minutes et égoutter.

Finitions

Dans une assiette creuse, dresser la purée de pommes de terre bien chaude, déposer les lardons grillés, les billes de pastis, parsemer de feuilles d'estragon les cubes de poires. Déposer un trait de jus de fruit de la passion, un filet d'huile d'olive et une pincée de gros sel.

■ AVEC LA FRAÎCHEUR DU FRUIT DE LA PASSION, LE PASTIS ET LES LARDONS, ON RETROUVE AU PALAIS LE MARIAGE DE LA TERRE ET DE LA MER SANS LE POISSON. COMME DANS UNE BOUILLABAISSE.

PAPILLOTE DE VEAU À

600 gr de filet de veau

1 branche de romarin frais

100 gr d'amandes fraîches pelées

50 gr de mie de pain

1 gousse d'ail

2,5 dl d'eau

1 dl d'huile d'olive vierge

1 c à s de yogourt nature

8 gouttes de tabasco

8 rondelles d'oignons

1 c à c de fécule de pommes de terre

Couper le filet de veau en 4 morceaux, saler et poivrer puis le cuire doucement dans la poêle avec un filet d'huile d'olive. Stopper la cuisson lorsque la viande est bleue.

Découper dans un papier gras de pâtissier 4 gros carrés. Au centre de chacun, déposer un morceau de romarin, puis le filet de veau, ajouter un filet d'huile d'olive et replier le papier pour former une papillote. Fixer avec une pince à linge en bois et mettre à cuire au four à basse température, soit 90°, durant 10 minutes.

Sauce à l'ail doux

Dans une casserole d'eau froide, plonger la gousse d'ail, porter à ébullition et refroidir, changer l'eau et recommencer trois fois l'opération. Mettre à tremper la mie de pain dans 4 dl d'eau.

Dans un mixer, incorporer l'ail, la mie de pain avec son eau, l'huile d'olive, les amandes, le yogourt, une pincée de sel et 8 gouttes de tabasco, mixer afin d'obtenir une sauce très crémeuse.

UN PLAT QUI ÉVOQUE LA SOUPE À L'AIL DE MA MAMAN ET QUE J'AI RÉINTERPRÉTÉ AVEC UNE VIANDE BLANCHE.

L'AIL DOUX

Passer les rondelles d'oignons dans la fécule et frire à 180°.

Dressez le veau extrait de sa papillote avec la sauce et surmonté des rondelles d'oignons.

On peut servir avec des pommes de terre rôties enrobées de lard.

Cerises

au mascarpone

500 gr	de cerises
1 dl	de vin rouge
2 dl	d'eau
140 gr	de sucre
4 dl	de blancs d'œufs
125 gr	de mascarpone
½ jus	de citron vert
2	jaunes d'oeufs
1 cl	d'amaretto
1 cl	de liqueur de café

Masse mascarpone

Mixer les blancs d'œufs et le mascarpone. Fouetter vigoureusement les jaunes d'œufs et 20 gr de sucre afin de les blanchir. Ajouter le demi jus de citron vert. Joindre ces deux masses dans le mixer. Ajouter la liqueur de café et l'amaretto puis mettre le tout dans un émulsioneur, ajouter 2 capsules d'air et secouer vigoureusement, laisser au frigo reposer le temps de cuire les cerises.

Cuisson des cerises

Dans une casserole, cuire le vin rouge avec l'eau et le sucre, flamber et laisser réduire d'un tiers. Ajouter les cerises entières et retirer du feu. Laisser les cerises dans ce sirop quelques minutes. Déposer les cerises avec le vin rouge dans une assiette creuse et entourer de la masse mascarpone.

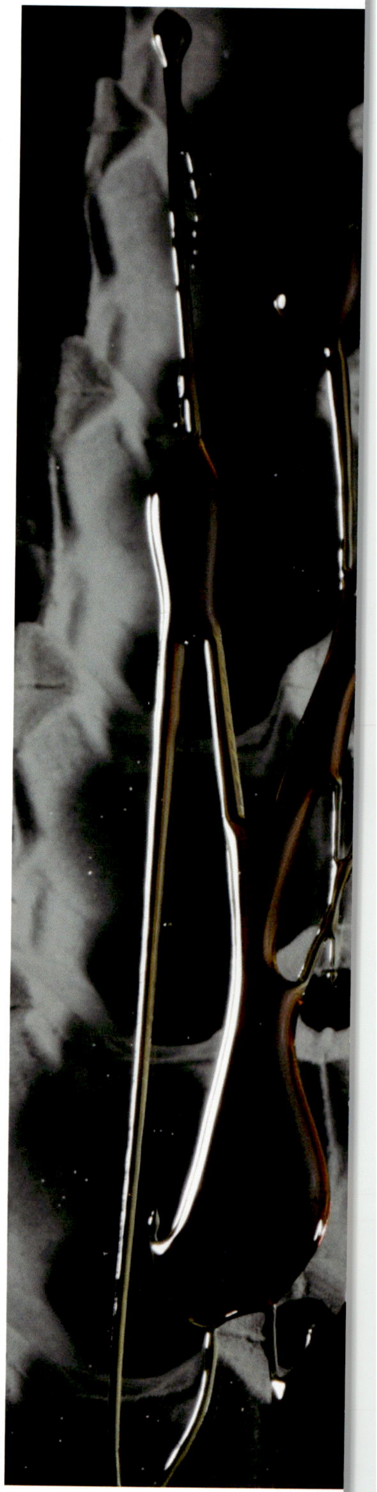

Le goût de la cerise m'a toujours fait penser aux amandes. C'est pourquoi j'ai travaillé sur une base de tiramisu avec de l'amaretto.

Fraises à l'huile d'olive, shampoing citron

24	fraises mara des bois
1 c à c	de sucre
1 dl	d'huile d'olive vierge
1 c à s	de jus de citron vert
3 dl	d'eau (déminéralisée)
½ c à c	de grains d'acide citrique
1 c à c	de lécithine de soja

Mélanger délicatement les fraises avec le sucre.

Shampoing citron

Dans un bac assez haut, mélanger l'eau, le jus de citron vert, la lécithine de soja et mixer jusqu'à l'obtention d'une belle mousse, mettre au frigo un instant et recommencer l'opération.

Ajouter l'huile d'olive sur les fraises, puis, au moment du service déposer le shampoing citron.

Voilà un dessert où la qualité du produit est importante! Il faut impérativement des fraises parfaites et parfumées et une huile d'olive assez herbacée.

On peut également laisser les tuiles à plat et ainsi monter en alternance une couche de chocolat et une tuile, et ainsi de suite, pour réaliser un millefeuille.

60 gr	de beurre
180 gr	de sucre glace
4	blancs d'œufs
140 gr	farine
40 gr	de cacao
3 dl	de crème
2 dl	de lait
50 gr	de cacao en poudre
1 c à s	de coulis de framboises

Cornets au chocolat, framboises givrées

Tuiles au chocolat

Faire fondre le beurre dans une casserole, mélanger dans un saladier les blancs d'œufs, la farine, le cacao, le sucre glace, ajouter le beurre fondu, déposer au frigo une heure.

Cristaux de framboises

Etaler sur du papier gras le coulis de framboises et mettre à congeler.

Masse chocolat

Dans un saladier bien mélanger la crème, le lait et le cacao. Verser dans un émulsioneur à crème chantilly, fermer, ajouter 2 capsules de gaz. Bien secouer et glisser au frais.

Cuisson des tuiles

Poser un papier gras sur une plaque allant au four. A l'aide d'une cuillère, étaler des petits cercles de pâte à tuile, cuire au four à 180° jusqu'à légère coloration. A l'aide d'une spatule, décoller les tuiles et les enrouler encore chaudes et souples autour d'une douille à pâtisserie afin de former des cornets.

Remplir les cornets de masse chocolat et déposer par-dessus des copeaux congelés de coulis de framboises.

L'AUTOMNE

UN APÉRITIF SYMPA MÉLANGEANT LE CHAUD ET LE FROID, L'ACIDE ET LE MOELLEUX

Granny Smith glacée et calva chaud

5 dl	de jus de pomme verte granny smith
1 dl	de calvados
3 dl	de blancs d'œufs
80 gr	de sucre
1 dl	de crème liquide

Remplissez à mi-hauteur de jus de pomme verte 4 verres à apéritif, mettez-les au congélateur afin que le liquide soit très froid mais pas congelé.

Remplissez un émulsionneur thermos avec les blancs d'œufs, le sucre, le calvados et la crème, ajouter 2 capsules de gaz puis secouer. Chauffez légèrement au bain-marie.

Verser cette émulsion tiède sur les verres givrés de jus de pomme.

La masse qui reste dans l'émulsionneur peut se garder au frigo sans problème.

Ce plat peut être dégusté aussi bien en pré-dessert qu'en apéritif.

POMMES VERTES, YOGOURT À LA MENTHE ET CACAO

2 dl	de jus de pomme verte
2 dl	de yogourt nature
2 dl	de blancs d'œufs
1 dl	de jus d'orange
50 gr	de sucre
12	feuilles de menthe
1 c à c	de caco non sucré

Yogourt à la menthe

Chauffer le jus d'orange avec la menthe et le sucre, laisser infuser deux minutes, filtrer ce jus sur le yogourt nature puis mélanger avec les blancs d'œufs, incorporer le tout dans un émulsioneur puis ajouter 2 capsules de gaz, secouer et laisser au frigo une heure.

Dans des verres, verser au ¾ le jus de pomme verte. Par-dessus, déposer délicatement le yogourt à la menthe puis saupoudrer de cacao.

Le solde de yogourt à la menthe se conserve bien au frigo et peut accompagner des crevettes rôties ou des langoustines.

On peut accompagner ce plat d'un feuilleté ou de cœurs de palmier.

Poudre de boudin en chaud-froid

1	boudin noir à la cannelle
2 dl	de blancs d'œufs
2 dl	de crème
1 dl	d'huile de noix

Peler et congeler le boudin noir.

Dans un émulsionneur, mélanger les blancs d'œufs, la crème et l'huile de noix, ajouter 2 capsules de gaz et mettez-le à chauffer au bain-marie.

Au dernier moment, poser une belle quenelle de crème de noix tiède au fond d'un bol, raper le boudin dessus avec une rape fine. Quelques grains de fleur de sel et servir de suite.

Etonnez vos convives et servez ce plat sans l'annoncer: surprise

1 kg	de coques
5 dl	de lait de coco
3 gr	d'agar-agar
1	pointe de couteau de curry vert thaï en pâte
1 c à s	d'huile d'olive vierge
8	fleurs de bourrache
20 gr	de concombre
1	piment thaï cru
	sel fin, poivre blanc, fleur de sel

COQUES À LA COCO THAÏE

Gelée de coco

Chauffer le lait de coco à 80° avec l'agar-agar. Assaisonner de sel et de curry vert. Mouler dans une forme rectangulaire ou carrée de 2 cm de hauteur. Réserver au frais jusqu'à prise complète.

Rincer les coques sous l'eau courante en mélangeant bien pour en extraire le sable. Mettre une casserole d'eau à bouillir puis, à l'aide d'une passoire, y plonger les coques juste pour les ouvrir (quelques secondes), les rafraîchir dans un saladier avec de l'eau et des glaçons. Ensuite, décoquiller les coques.

Découper la gelée de coco en tranches soit une par personne et la déposer dans une assiette froide, poser par-dessus les coques puis les morceaux de concombre, le piment découpé en fines lamelles, les fleurs de bourrache. Terminer le plat avec un peu de gros sel et un filet d'huile d'olive.

CE PLAT EST UN CLIN D'ŒIL À LA THAÏLANDE. L'IODE DES COQUES S'HARMONISE AVEC LA COCO ET JOUE DU CONTRASTE AVEC LA PUISSANCE DU PIMENT.

Hommage à Ferran Adrià

40 gr	de caviar oscière iranien
1 c à s	de yogourt nature
1 dl	de jus de pomme verte (granny smith)
½ gr	d'alginate
10 gr	d'acétate de calcium
4	fleurs de bourrache

CAVIAR, GRANNY SMITH ET YOGOURT GIVRÉ

Etaler sur une feuille de papier gras le yogourt nature et la glisser au congélateur.

Mixer le jus de pomme verte avec l'alginate, laisser reposer 15 minutes, puis mixer une ou deux fois. Laisser à nouveau reposer 15 minutes jusqu'à ce qu'il n'y ait plus de bulles d'air à l'intérieur.

Faire un bain composé de 1 l d'eau froide et de l'acétate de calcium.

A l'aide d'une cuillère, faire tomber de grosses billes composées du mélange pomme et alginate dans le bain de calcium. Laisser ces billes deux minutes dans le bain.

Dans une cuillère chinoise, déposer une quenelle de caviar, une bille égouttée de pomme verte, une fleur de bourrache et quelques copeaux de yogourt givré.

12	cubes de saumon cru
20 gr	de poireau cru
4	feuilles de menthe
1 c à c	de crème
1 c à c	de yogourt nature
4	morceaux de gingembre frais
1 c à s	d'huile de cacahuètes grillées
1 c à s	d'huile d'olive vierge
1 c à s	d'huile de sésame

Saumon cru, menthe, crème aigre et poireau

Mélanger le yogourt à la crème.

Saler et poivrer les dés de saumon puis, dans des cuillères chinoises (3 par personne), déposer un dé de saumon.

La première: simplement le saumon avec l'huile de cacahuètes puis un peu de gros sel.

La seconde: le saumon, le poireau, la menthe, l'huile de sésame et du gros sel.

La troisième: le saumon, l'huile d'olive, la crème aigre, le gingembre et un peu de gros sel.
Déguster chacune des cuillères en une seule bouchée.

■ Un apéritif ou amuse-bouche en toute simplicité. C'est de la qualité des produits que dépendra le résultat.

Ce plat est la synthèse d'une évocation: le cépage alsacien de Gewurztraminer, que j'aime bien déguster, avec le fromage de chèvre frais.

Chèvre frais, rose, litchis et muscat

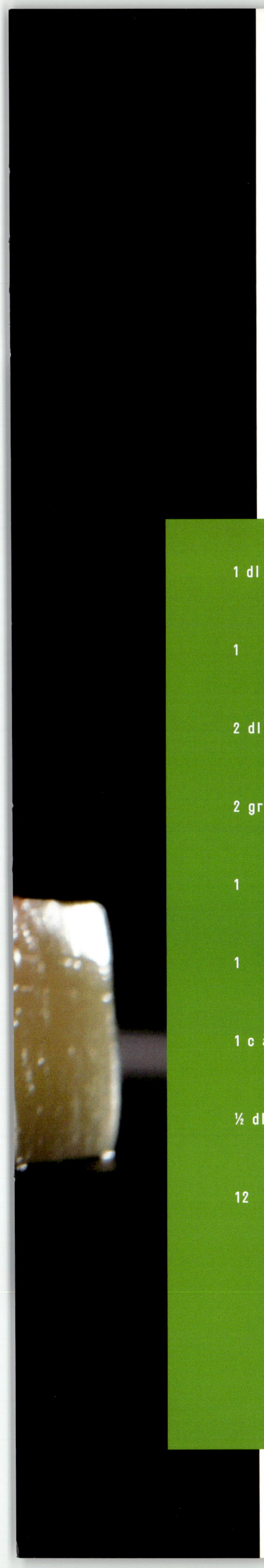

1 dl	de jus de litchis frais
1	fromage de chèvre frais
2 dl	d'eau de rose
2 gr	d'agar-agar
1	figue séchée
1	figue fraîche
1 c à c	de campari
½ dl	d'huile d'olive
12	grains de raisin muscat

La veille

Découper des morceaux de chèvre frais et laisser macérer une nuit dans l'huile d'olive.

Gelée d'eau de rose

Chauffer la moitié de l'eau de rose à 80° avec l'agar-agar, laisser prendre au frigo. Cette gelée doit être craquante et très ferme.

Gelée de litchis

Chauffer le jus de litchis à 80° avec la deuxième moitié d'eau de rose et l'agar-agar. Mouler et laisser prendre au frigo.

Mixer les 2 figues avec le campari afin d'obtenir une pâte fine.

Déposer sur chaque cube de fromage une c à c de pâte de figue, puis, par-dessus, la gelée transparente de rose et à côté le cube de litchis et les grains de raisin frais de muscat.

PAPILLOTE DE

AU CURRY ET FIGUES AU

4	langoustines décortiquées calibre 6/9
4	feuilles de pâte à rouleau de printemps
20 gr	de blanc de poireau émincé
4	feuilles de menthe
4	figues fraîches
2	figues séchées
1 c à s	de Campari
2 dl	de jus d'orange
1 c à s	de curry jaune malaisien
1 c à s	de farine

Réduire de moitié le jus d'orange et le curry avec une pincée de sel, mettre au frais.

Mixer les figues fraîches avec les figues séchées et le Campari, mettre au frais.

Sur le plan de travail, déposer la pâte à rouleau de printemps, placer au milieu le poireau cru émincé, la feuille de menthe puis la langoustine assaisonnée de sel et poivre, rouler en cigare, coller les bords avec un mélange de farine et d'un peu d'eau.

Cuire les rouleaux à la friteuse. Dresser la compote de figues au centre de l'assiette, déposer par-dessus la langoustine, entourer de sauce curry froide.

LANGOUSTINE

CAMPARI

Ce plat a été créé en 1986 et n'a jamais quitté notre menu. Si nous le retirons, les clients le réclament.

RATATOUILLE DE COQUES

1 kg	de coques entières
8	kumquats
1 c à s	de concombre émincé
2 c à s	de poivron rouge pelé et émincé
6	feuilles de menthe
5	fleurs de bourrache
2 dl	d'huile d'olive
2 c à s	de sauce soja
1 c à c	de mélange 5 épices
	sel marin

KUMQUATS ET SOJA

Dans une casserole remplie d'eau à ébullition, plonger à l'aide d'une passoire les coques préalablement lavées, juste une minute, le temps que celles-ci s'ouvrent, refroidir dans l'eau glacée et décoquiller.

Chauffer la sauce soja une minute avec le mélange de 5 épices, puis garder au frais.

Déposer les kumquats dans une casserole d'eau froide, porter à ébullition, rafraîchir et recommencer l'opération 3 fois. Egoutter et couper en quatre les kumquats et les faire revenir dans l'huile d'olive, ajouter les poivrons, les concombres puis les coques avec un bon tour de moulin à poivre. Au dernier moment, poser sur les coques les feuilles de menthe et les fleurs de bourrache, puis une pincée de gros sel. Servir la sauce soja à part.

UNE RENCONTRE DE L'ASIE ET DE L'EUROPE QUE J'AIME POUR LE MARIAGE D'ACIDE, DE PARFUM ET DE CROQUANT.

GAMBAS AU GINGEMBRE, CACAHUÈTE ET HUILE DE CORIANDRE

8	gambas décortiquées	100 gr	de sucre fin
80 gr	pâte de cacahuète	½ dl	d'huile de noix
2,5 dl	de vinaigre de vin blanc	1	pincée de piment thaï séché
20 gr	de gingembre épluché et râpé	10 gr	de coriandre fraîche finement ciselée
80 gr	de moutarde forte		

Sauce gingembre

Emulsionner au mixer et à haute vitesse le vinaigre, le sucre, la moutarde et le gingembre, réserver au frais.

Huile de coriandre

Faire infuser au micro-onde l'huile de noix et le piment, ajouter la coriandre ciselée juste avant de servir.

Dressage

Mettre à ébullition une casserole d'eau, puis à l'aide d'une passoire, y plonger les crevettes quelques secondes. Egoutter puis déposer 2 gambas par assiette sur la pâte de cacahuètes. Arroser d'huile de coriandre. Assaisonner de fleur de sel.

ESSAYEZ CETTE CUISSON TRÈS SIMPLE ET TRÈS COURTE DES GAMBAS QUI DONNE UNE FRAÎCHEUR PARTICULIÈRE QUI SE MARIE BIEN AVEC LE GINGEMBRE.

La simplicité de la cuisine italienne interprétée différemment du vitello tonnato classique.

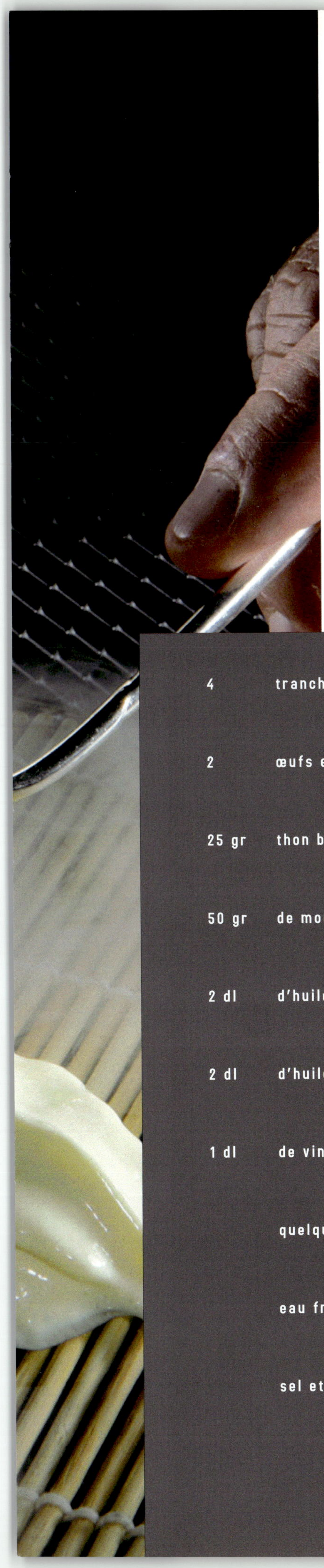

Dos de cabillaud à la ficelle «façon tonnato»

4	tranches de cabillaud
2	œufs entiers
25 gr	thon blanc à l'huile en boîte
50 gr	de moutarde forte
2 dl	d'huile d'olive
2 dl	d'huile d'arachide
1 dl	de vinaigre de vin blanc
	quelques câpres
	eau froide
	sel et poivre

Sauce tonnato

Mixer les œufs, le thon, la moutarde, l'huile d'olive, le vinaigre de vin blanc, l'huile d'arachide, sel, poivre et un filet d'eau froide. Passer cette masse afin de ne plus avoir de grumeaux, incorporer dans un émulsioneur avec 2 capsules d'air, secouer vivement et laisser au frais le temps de cuire le poisson.

Ficeler les tranches de cabillaud de manière à obtenir une forme de tournedos, saler et poivrer. Cuire 5 minutes à la vapeur

Dresser avec du gros sel, mignonnette de poivre noir et déposer à côté un trait de sauce tonato. Parsemer de quelques câpres (facultatif).

Boudin aux pommes 2007

1	boudin noir à la crème
12	rondelles d'oignons frites
1 dl	de jus de pomme verte
½ gr	d'alginate
10 gr	d'acétate de calcium

Mixer le jus de pomme verte avec l'alginate, laisser reposer 15 minutes, puis mixer une seconde fois, laisser à nouveau reposer 15 minutes.
Faire un bain composé de 1 l d'eau froide et de l'acétate de calcium.

A l'aide d'une cuillère, faire tomber de grosses billes composées du mélange de jus de pommes et alginate dans le bain de calcium. Laisser prendre ces billes 2 minutes dans le bain.

Peler le boudin noir, le couper en 4 cubes réguliers, les chauffer au micro-onde quelques secondes.
Dresser sur assiette le boudin, par-dessus les billes de pommes (rincées à l'eau) et les oignons frits.

Une manière ludique, simple et très rafraîchissante de déguster le boudin. Au micro-onde, nous évitons l'apport de matière grasse à cette recette

PENNE, LARD LIQUIDE ET CAVIAR IMPÉRIAL

240 gr	de penne
80 gr	de lard fumé
5 dl	de crème liquide
5 gr	d'alginate
10 gr	d'acétate de calcium
2 c à s	d'huile d'olive
20 gr	de caviar impérial

Billes de lard

La veille, chauffer au micro-onde la crème et le lard émincé, puis laisser refroidir au frigo une nuit. Le lendemain, passer la crème puis mélanger avec l'alginate, laisser reposer. Faire un bain de calcium avec l'acétate et 1 l d'eau froide, bien fouetter. Former les billes de lard avec la crème parfumée en les faisant tomber avec une cuillère dans le bain d'acétate, laisser prendre 2 minutes et les rincer dans un saladier d'eau froide.

Cuire les penne comme un risotto dans de l'huile d'olive, ajouter du gros sel, puis couvrir à niveau d'eau, ajouter encore un peu d'eau à mi-cuisson. Tester les penne en cours de cuisson afin qu'elles ne dépassent pas le niveau al dente.

Servir de suite sans rafraîchir. Cette cuisson suit le même principe que la préparation d'un risotto.

Déposer les pâtes dans des assiettes creuses puis les billes de lard et enfin le caviar.

LES BILLES DE LARD, LIQUIDES À L'INTÉRIEUR, VONT CRÉER, EN EXPLOSANT SUR LE PALAIS, UNE SAUCE QUI VA ENROBER LES PENNE, TOUT COMME LE CAVIAR. UN PLAT À LA FOIS LUDIQUE ET PRESTIGIEUX.

Canard laqué au tamarin et kumquats

4	aiguillettes de canard
150 gr	de tamarin
12	kumquats confits
1 c à s	de 5 épices
1 c à s	de miel
1 pincée	de piment séché
1 c à c	de sauce soja foncée
½ c à c	d'ail blanchi et haché
5 dl	de jus d'orange

Cuire les aiguillettes de canard à la poêle en les gardant rosées. Laisser reposer sur une grille.
Mélanger le jus d'orange, le tamarin, le 5 épices, le piment, le miel, l'ail et la sauce soja et réduire aux ¾, puis filtrer.

Prendre le tiers de cette sauce et le réduire encore de manière à obtenir une sauce sirupeuse.
A l'aide d'un pinceau, en badigeonner les aiguillettes de canard et les passer sous le grill du four afin de les laquer.

Servir avec le solde de la sauce à peine réduite et les kumquats confits.

Mon amour de la cuisine asiatique et de l'aigre-doux m'a inspiré cette recette.
On peut servir ce plat accompagné de pak choï en lanières, à peine sauté.

BY AIR MAIL
PAR AVION

Le pigeon voyageur

4	filets de pigeon avec manchons
4	figues violettes
1 dl	de raisinée
1	branche de romarin
4	pommes de terre en robes (cuites)

Assaisonner puis poêler quelques secondes les filets de pigeon pour colorer la peau (le pigeon doit rester cru).

Dans un sachet sous vide, glisser un filet de pigeon, le romarin frais, la pomme de terre, la figue crue et la raisinée. Souder le sachet sans faire le vide d'air. Le glisser dans une enveloppe « par avion » et le faire cuire 35 secondes au micro-onde à la puissance maximum.

Servir directement à table dans l'enveloppe. Chaque convive ouvre son enveloppe-courrier à l'aide d'une paire de ciseaux.

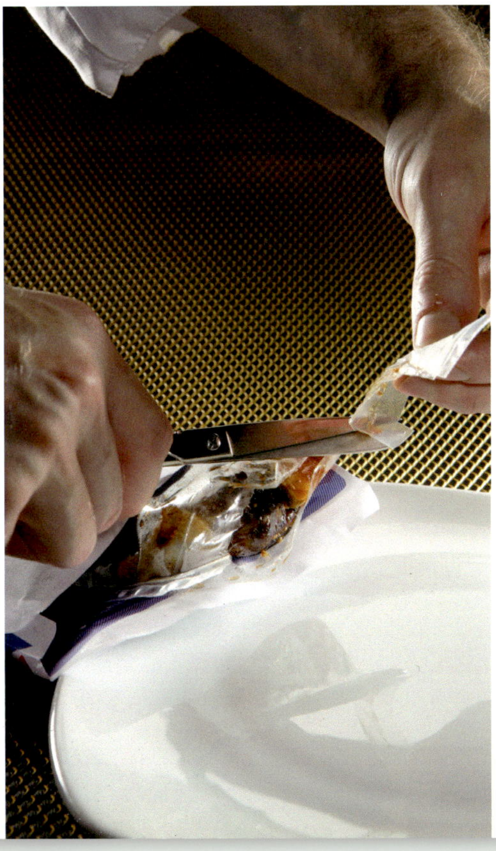

■ C'est bien un pigeon voyageur! Le succès de cette recette simple a fait le tour de l'Europe... Mes confrères m'en parlent souvent. Ce plat porte vraiment l'enseigne Denis Martin.

Bonbons glacés Granny Smith

5 dl	de jus de pomme verte
2 gr	d'alginate
10 gr	d'acétate de calcium
1	pointe de couteau d'ascorbique (vitamine c)

Mixer le jus de pomme avec l'alginate et l'ascorbique, laisser reposer 15 minutes, puis mixer une seconde fois, laisser à nouveau reposer 15 minutes.

Faire un bain composé de 1 l d'eau et de l'acétate de calcium, bien fouetter et laisser reposer 5 minutes.

A l'aide d'une cuillère, former les bonbons en versant des quenelles de jus de pomme dans le bain d'acétate. Laisser prendre une minute.

Dans un bac d'eau froide rincer les quenelles de pomme.

Eponger puis, soit les incorporer dans un bain d'azote quelques secondes ou alors les gicler au pistolet de dermatologue.

Si vous n'avez pas d'azote, déposez ces bonbons quelques minutes au congélateur.

Une texture nouvelle : un croquant liquide et glacé. On peut les déguster en dessert.

Croustillant pommes, poires, cannelle

100 gr	de farine
100 gr	de beurre
80 gr	de sucre fin
50 gr	de poudre d'amandes
1 dl	jus de pomme verte
1 c à c	d'agar-agar
1 pointe	de couteau d'ascorbique
1 c à s	de vin cuit (raisinée)
1 dl	de crème
1 c à c	de cannelle
1	pomme verte
1 c à s	soupe de sucre

Mélanger la farine, le sucre, les amandes et le beurre de façon à obtenir une pâte granuleuse. L'étaler et cuire sur une plaque allant au four jusqu'à coloration.

Chauffer le jus de pomme verte avec une pointe de couteau d'agar-agar et d'ascorbique et mettre au frais.

Chauffer la crème avec la cannelle et une pointe de couteau d'agar-agar, mettre au frais.

Cuire la pomme verte pelée et coupée en morceaux avec le sucre afin d'obtenir une compote.

Dans une assiette, déposer une quenelle de compote chaude aux pommes, une quenelle de crème à la cannelle froide, une quenelle de gelée de pomme verte, la pâte à croustillant et un filet de vin cuit.

Des saveurs très connues des Vaudois mais déclinées selon des textures différentes.

L'HIVER

Campari orange façon cuisine

8 dl	de jus d'orange fraîchement pressé
1	gros bouquet de menthe poivrée
1 dl	de Campari
½ gr	d'alginate
5 gr	d'acétate de calcium

Mélanger le Campari à l'alginate, mixer et laisser reposer 10 minutes. Mixer à nouveau et laisser reposer 15 minutes, verser ensuite ce mélange dans un bec verseur et couler des gouttes dans un bain composé de 1 l d'eau et d'acétate de calcium. Après 2 minutes, égoutter les billes de Campari, puis les rincer à l'eau froide.

Dans un verre, verser le jus d'orange jusqu'à la moitié du verre, faire tomber les billes de Campari et garnir le verre de menthe fraîche.

On déguste cet apéritif à travers la menthe.

■ Ce cocktail original apporte tour à tour la fraîcheur de la menthe, l'acidité de l'orange et l'amertume du Campari, un festival de saveurs juxtaposées et à peine différées dans le temps de la dégustation.

Du punch à l'apéro avec ces croquants au curry.

CACAHUÈTES CARAMÉLISÉES AU CURRY

400 gr	de cacahuètes salées
100 gr	de sucre glace
1 c à c	de curry jaune
1	pointe de sel

Chauffer une poêle anti adhésive, ajouter les cacahuètes, le sucre glace et, peu avant la caramélisation, le curry. Etaler sur un papier gras, séparer à froid les cacahuètes qui se seraient collées, saler au dernier moment.

L'ŒUF AU LARD «HERVÉ THIS»

3 dl	de blanc d'œufs
1	jaune d'œuf
80 gr	de lard fumé

Emincer en fine julienne le lard puis le blanchir dans 1 dl d'eau (que l'on réserve pour terminer la recette). Egoutter le lard puis le colorer à la poêle de manière à obtenir des lardons bien croquants.

Battre les blancs d'œufs en neige, en ajoutant la moitié de l'eau de cuisson du lard par petites quantités, comme pour une mayonnaise.

Incorporer les blancs d'œufs montés dans 4 verres à apéritif, remplir aux ¾ de la hauteur. Passer ces verres au micro-ondes quelques secondes jusqu'à ce que le volume double. Laisser reposer au frigo 5 minutes puis démouler et servir avec les jaunes légèrement battus à part et les lardons dessus.

UNE TECHNIQUE QUE J'AI APPRISE D'HERVÉ THIS ET QUE J'AI ADAPTÉE À MON GOÛT. L'EAU DE CUISSON DU LARD RENFORCE LE GOÛT DE FUMÉ ET DONNE UNE LÉGÈRETÉ INCROYABLE AU PLAT.

Rouleau de

24	moules
12	feuilles de coriandre fraîche
1 dl	de jus de litchis frais
2 c à s	de sauce soja claire
1 c à c	de cinq épices
1	morceau de concombre pelé

Réduire la sauce soja et les 5 épices à l'état sirupeux.

Laver et ébarber les moules. A l'aide d'une passoire, les plonger quelques secondes dans une casserole d'eau en ébullition, le temps bref qu'elles s'ouvrent, les décoquiller et les mettre au frais.

Répartir les moules dans des cuillères à soupe chinoises, ajouter le jus de litchis, une goutte de réduction de sauce soja aux épices, un morceau de concombre et les feuilles de coriandre fraîchement ciselées.

Déguster à la cuillère en une seule bouchée.

Voilà de quoi retrouver le goût du rouleau de printemps qui est mangé cru dans certains pays d'Asie et non frit comme en Europe.

PRINTEMPS LIQUIDE

Huître perlière

16	huîtres
1 dl	d'eau d'huîtres
1 dl	de jus de litchis
1 gr	d'alginate
15 gr	d'acétate de calcium

Billes d'eau

Ouvrir les huîtres, vider la première eau, récupérer 1 c à s de la deuxième eau, mélanger avec la moitié de l'alginate, mixer et laisser reposer 15 minutes.

Billes de litchis

Mixer le jus de litchis avec la moitié de l'alginate, laisser reposer 15 minutes.

Bain d'acétate

Mélanger l'acétate de calcium dans 5 dl d'eau

Finition

Prendre deux seringues, dans l'une, verser la masse d'huîtres dans l'autre la masse de litchis. Faire tomber des goutelettes dans le bain d'acétate afin d'obtenir des perles, laisser agir une minute. L'extérieur doit être solide et l'intérieur liquide. Déposez ces perles sur les huîtres.

C'EST TRÈS INTÉRESSANT EN BOUCHE LORSQUE L'EAU DES HUÎTRES ET CELLE DES LITCHIS VONT EXPLOSER SOUS LE PALAIS.

Os à moelle sans moelle de mon ami PA et truffes givrées

Le goût de l'os à moelle est apporté par la chitine contenue dans les bolets et la texture mayo du blanc d'œuf : l'illusion est parfaite ! Nous avons ainsi obtenu de la moelle sans moelle avec un régal supplémentaire : la truffe givrée...

50 gr de blanc d'œufs

5 gr d'agar-agar

7 dl d'huile de colza

25 gr de purée de bolets séchés réhydratés et mixés

80 gr de truffe noire mélanosporum fraîche

Emincer la truffe noire puis la couper jusqu'à en faire une fine brunoise. La déposer sur un papier gras et la glisser au congélateur afin de bien la durcir.

Monter en mayonnaise le blanc d'œufs, l'agar-agar, l'huile de colza et la purée de bolets.

Mouler cette masse dans des emporte-pièces en plastique de 2,5 cm de circonférence et de 2,5 cm de hauteur.

Cuire quelques secondes, juste pour que la masse prenne au micro-onde.

Démouler sur une cuillère, passer au chalumeau pour griller la surface puis ajouter la truffe congelée, du gros sel et un peu de poivre mignonnette.

Chrysalide végétale au curry malaisien

La puissance du curry, l'amertume du Campari, la douceur de la figue, voilà un accord super-goûteux et très amusant à servir.

4	feuilles de pâte à rouleau de printemps
150 gr	de figues séchées
1	filet d'huile de sésame
1	figue fraîche
2	bouchons de Campari
2 dl	de jus d'orange
1 c à s	de curry malaisien
2 dl	huile d'arachide
800	gr de germes de soja
10 gr	de gingembre râpé
10	feuilles de coriandre
2 c à s	de sauce soja
1 c à c	de maïzena
1 pincée	de piment séché
1 c à s	de sucre

Sauce curry

Réduire de moitié le jus d'orange avec le curry, ajouter l'huile, mixer et mettre au frais.

Compote de figues

Mixer les figues séchées et la figue fraîche avec le Campari et glisser au frais.

Farce soja

Sauter les germes de soja dans l'huile de sésame chaude. Ajouter le gingembre, le piment, la sauce soja. Garder les germes encore croquants. Ajouter la maïzena préalablement délayée et la coriandre, mettre au froid.

Au centre des feuilles de pâte à rouleau de printemps, déposer la farce de soja, rouler et coller les bords avec un peu d'eau et de farine. Frire à 190°, saler.

Poser une quenelle de figues au centre de l'assiette, tout autour la sauce curry puis le rouleau frit et enfin par-dessus, la barbe à papa confectionnée avec la cuillère de sucre.

Il faut évidemment la machine pour la réaliser et si vous n'en avez pas, vous débaptiserez cette recette en simple rouleau végétal malaisien!

Devant les convives, à l'aide d'un chalumeau de cuisine, faire disparaître la barbe à papa qui va fondre instantanément et laisser des traces sucrées et caramélisées.

Couteaux et moules à la badiane et poivron

12	couteaux
500 gr	de moules
1	étoile d'anis (badiane)
½ c à c	de graines d'anis
1	poivron rouge
2 dl	d'huile d'olive vierge
8	feuilles de menthe poivrée

Nettoyer et laver les moules, chauffer une casserole avec un filet d'eau, jeter les moules et couvrir, laisser cuire quelques secondes juste pour les ouvrir (elles doivent rester le plus nature possible), égoutter en récupérant le jus.
Demander à votre poissonnier qu'il ouvre et pare les couteaux.

Mettre le poivron rouge au four avec le grill allumé jusqu'à ce que la peau noircisse, passer ensuite sous l'eau froide pour le peler.
Couper le poivron en minidés puis les faire sauter dans l'huile d'olive, ajouter les graines d'anis, la badiane, faire tiédir sans trop chauffer, ajouter les moules, les couteaux crus et retirer du feu (les couteaux ne doivent pas chauffer). Ajouter le jus de cuisson des moules, rectifier l'assaisonnement avec un tour de moulin à poivre. Au moment de servir, joindre la menthe et mélanger.

UN PLAT EN TOUTE SIMPLICITÉ QUI RÉSUME MA DÉMARCHE: LE PRODUIT EST LE PATRON ET C'EST LUI QUI COMMANDE!

Chipolata de Saint-Jacques

12	noix de Saint-Jacques décoquillées
12	tranches de lard fumé (coupé fin)
12	feuilles de sauge fraîche
1 c à s	d'antique vinaigre traditionnel de Modène (30 ans)
½ dl	d'huile d'olive verdale

Etaler les tranches de lard, déposer au centre une feuille de sauge puis les Saint-Jacques (côté plat sur le lard) à peine assaisonnées de sel et poivre, rouler le lard en le refermant sur lui-même.

Dans une poêle, cuire les Saint-Jacques avec un minifilet d'huile d'olive. Les retourner après une minute, les noix doivent rester très nacrées au cœur.

Déposer un filet d'huile d'olive verdale tout autour de l'assiette, par-dessus le balsamique, puis les Saint-Jacques et un peu de gros sel.

CE PLAT ME PLAÎT BEAUCOUP CAR LE PRODUIT Y EST ROI. DE PLUS, PAS DE LONGUE PRÉPARATION, PAS DE SAUCE COMPLIQUÉE, JUSTE LA PERFECTION DU BON PRODUIT.

Foie de canard et tuile au citron

4	tranches de foie de canard cru
1 c à s	de vieux vinaigre balsamique
1 c à c	de cinq épices
30 gr	de beurre
90 gr	de sucre glace
2	blancs d'œufs
90 gr	de farine
1	citron jaune
	Fleur de sel

Tuiles au citron

Faire fondre le beurre dans une casserole, mélanger dans un saladier les blancs d'œufs, le sucre glace, le zeste râpé du citron et la farine. Ajouter le beurre fondu, bien mélanger et glisser une nuit au frais.

Avec une cuillère, étaler la pâte à tuiles en bandes rectangulaires. Cuire au four à 150° jusqu'à coloration. Sortir et laisser refroidir.

Finitions

Assaisonner les escalopes de foie de canard de sel, poivre et cinq épices.

Les poêler rapidement afin d'obtenir une cuisson « mi-cuit ».

Servir avec la tuile au citron, un filet de vieux vinaigre balsamique et un peu de fleur de sel.

Ce plat, tout à la fois classique et réactualisé, a quelque chose d'éternel!

Shampoing citrique et Saint-Jacques

4	noix de Saint-Jacques
5 dl	d'eau
125 gr	de sirop d'orgeat
5 gr	de lécithine de soja
12 gr	d'acide citrique
10 gr	de wasabi
	sel et poivre

le shampoing

Mixer longuement l'eau, le sirop d'orgeat, l'acide citrique et la lécithine de soja jusqu'à obtention d'une mousse.

Le wasabi

Délayer le wasabi avec un peu d'eau selon la force désirée.

Finitions

Juste avant de poêler les Saint-Jacques, redonner un coup de mixer au shampoing.

Assaisonner les Saint-Jacques de sel et poivre et les poêler à feu vif quelques secondes.

Dresser les Saint-Jacques dans une assiette, déposer une touche de wasabi, puis accompagner le tout du shampoing.

Le shampoing citrique à l'orgeat est une variante de l'air de carottes de Ferran Adrià. En bouche, je l'appelle également l'air de rien, on ne sent que le goût mais pas de consistance.

«Ferran Adrià»

au wasabi

Lottillon laqué

4	lottillons (petites lottes de mer) parés
2 c à s	soupe de miel
2 c à c	de cinq épices
2 c à c	de sauce soja foncée
4 c à c	de fécule de pommes de terre
2 c à c	de vinaigre de riz
12	rondelles d'oignon

CE PLAT ALLIE FRAÎCHEUR ET ÉPICES. L'OIGNON FRIT APPORTE, QUANT À LUI, UNE LÉGÈRE AMERTUME.

Assaisonner les lottillons de sel et poivre et cuire à la vapeur jusqu'à mi-cuisson seulement.

Dans une casserole, réduire la sauce soja, le vinaigre de riz, le miel, le cinq épices et la moitié de la fécule.

Badigeonner de sauce réduite les lottillons, préalablement bien essuyés avec un papier ménage, à l'aide d'un pinceau. Passer les lottillons au four (grill) et laquer sans trop de coloration, on ne cherchera pas la couleur mais la saveur. Renouveler une deuxième fois l'opération.

Mélanger les rondelles d'oignon avec le reste de la fécule de pommes de terre et frire à 180°, saler.

Servir avec le reste de sauce de laquage à part et les oignons frits.

Le merlan dit brillant porte ce nom quand il est pêché à la ligne et non au chalut. C'est mon poisson préféré.

4	filets de merlan brillant (de ligne)
2,5 dl	d'huile d'olive
4	grosses tomates grappe
1	gousse d'ail
1	échalote
	thym, romarin, laurier
50 gr	de feuilles de menthe poivrée
80 gr	de yogourt nature
	sel, poivre

Merlan, yogourt à la menthe et tomates confites

Confire les tomates

Les couper en quartiers et les épépiner. Sur une plaque allant au four, verser l'huile d'olive (1 dl) et parsemer d'ail émincé et de l'échalote ciselée. Déposer les quartiers de tomate, saler et poivrer. Ajouter les branches de thym, celle de romarin et 2 feuilles de laurier. Glisser au four à 80 degrés pendant 3 heures.

Yogourt à la menthe

Infuser au micro-onde la menthe et 1 dl d'huile d'olive durant 1 minute à température moyenne, laisser refroidir. Mélanger le yogourt avec l'huile de menthe, assaisonner de sel et poivre.

Assaisonner de sel et poivre les filets de merlan et les cuire à l'huile d'olive côté peau uniquement (cuisson très courte).

Dresser les filets de merlan au centre de l'assiette, le yogourt à la menthe, la tomate confite et terminer le plat avec un filet d'huile d'olive et gros sel.

Cochon laqué, glace moutarde

Cuire le lard dans une marmite d'eau avec un bouquet garni (poireaux, carottes, céleri, sel, poivre en grains et laurier).

Réserver les légumes.

Masse à laquer

Chauffer dans une casserole le vinaigre, le miel, le cinq épices, la fécule, la sauce soja, laisser tiédir.

Glace moutarde

Bouillir le lait avec la crème, le sucre et enfin la moutarde. Laisser refroidir puis passer à la sorbetière. Sans sorbetière on peut glisser la masse au congélateur dans un saladier et fouetter fréquemment.

Finitions

Egoutter et bien éponger le lard. A l'aide d'un pinceau, enduire de masse à laquer puis enfourner (grill allumé). Sortir par trois fois le lard et redonner à chaque fois une couche de masse à laquer, puis remettre au four. Servir avec la glace à la moutarde et les légumes de cuisson du bouquet garni.

400 gr	de lard salé
1 c à s	de miel
1 c à c	de cinq épices
1 c à c	de sauce soja foncée
1 c à c	de vinaigre de riz
1 c à c	de fécule de pommes de terre
2,5 dl	de lait
50 gr	de crème
15 gr	de sucre
40 gr	de moutarde forte
1	bouquet garni

Un doux mélange
de l'Asie
et de l'Europe.

Bœuf façon Kobé

800 gr	d'entrecôte parisienne de bœuf	½	d'alginate
5 dl	de bière	10 gr	d'acétate de calcium
2	radis blancs	4 gr	de lécithine de soja
1 dl	de crème		

Le célèbre bœuf de Kobé, dont on sait qu'il est massé à la bière, m'a inspiré cette manière de servir le bœuf.

Préparer les billes de bière en mixant 1 dl de bière avec l'alginate, laisser reposer 15 minutes. Mixer à nouveau et laisser reposer une nuit. Couler ce mélange dans un bec verseur et faire tomber des gouttelettes dans un bain composé de 1 l d'eau et d'acétate de calcium, puis rincer à l'eau froide. Laisser prendre pendant 4 minutes et égoutter ces billes de bière.

Emincer finement le radis blanc. Chauffer la crème et la verser sur les radis, mixer avec sel et poivre puis mettre au frais.

Mixer en shampoing les 4 dl de bière avec la lécithine de soja.

Assaisonner et cuire la parisienne de bœuf qui se sert saignante.

Laisser reposer 10 minutes après cuisson puis servir avec les billes et le shampoing de bière ainsi que la purée de radis blancs.

Terminer en parsemant la viande de gros sel et de poivre mignonnette.

Queue de porc aux copeaux de truffe

LE DOUX MÉLANGE D'UN PLAT RUSTIQUE ET D'UN PRODUIT DE CLASSE TEL QUE LA TRUFFE NOIRE DU MONT VENTOUX.

1	queue de porc salée
1	bouquet garni
1	truffe noire (mélanosporum)
1	quartier de pomme verte
1 c à c	de vinaigre de cidre
1 dl	d'huile d'olive vierge
1 c à c	d'huile de noix
1 c à c	d'échalote hachée
1	pincée de fleur de sel
1	tour de poivre blanc du moulin

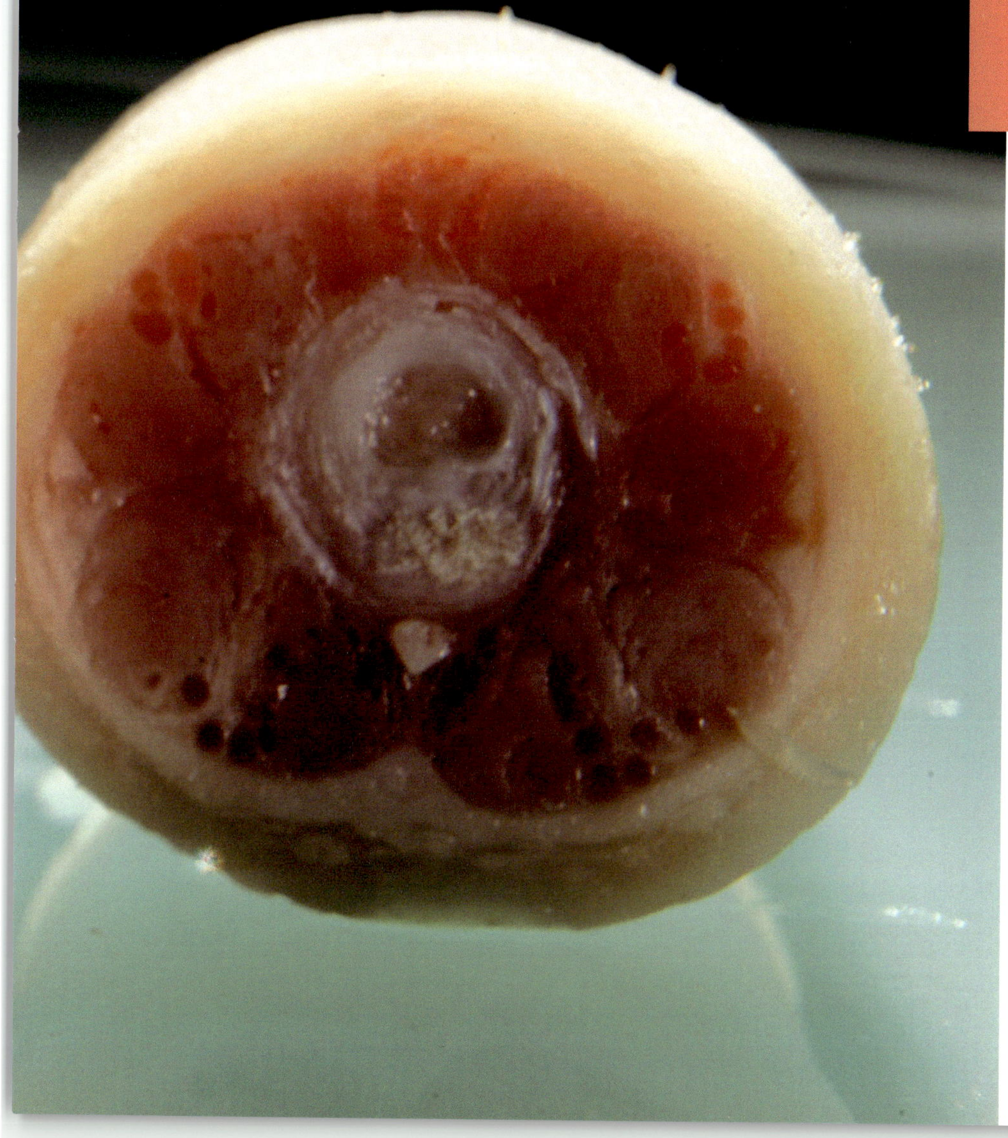

Dans une casserole d'eau froide, plonger la queue de porc et porter à ébullition, écumer. Ajouter un bouquet garni composé uniquement de poireaux ficelés en botte, d'1 feuille de laurier et d'un oignon clouté de 4 clous de girofle, ajouter une bonne pincée de gros sel.

Vinaigrette

Dans une casserole, tiédir l'huile d'olive, l'huile de noix, le vinaigre de cidre et l'échalote hachée.

Couper la queue de porc en morceaux et déposer quelques copeaux de truffe noire, la pomme verte en petits morceaux, arroser de vinaigrette tiède, assaisonner d'une pincée de fleur de sel et d'un bon tour de moulin à poivre.

Servir à part les poireaux du bouillon de cuisson avec un peu de vinaigrette.

CROQUANT BANANE-PA

FRUIT DE LA PASSION ET BANANE, UN CLASSIQUE DES SAVEURS EXOTIQUES QUE J'AIMERAI TOUJOURS.

2	bananes
1 dl	de jus de fruit de la passion
1	fruit de la passion entier
4	blancs d'œufs (tuiles)
4	blancs d'œufs (masse passion)
2	jaunes d'œufs
290 gr	de sucre
100 gr	de farine
1 c à c	de 5 épices
40 gr	de beurre fondu

SSION

Masse à tuiles

Mélanger 250 gr de sucre, la farine, 4 blancs d'œuf, le mélange 5 épices et 40 gr de beurre fondu. Laisser reposer une nuit.

Masse fruit de la passion

Mixer les blancs d'œufs avec le jus de fruit de la passion. Fouetter énergiquement les 2 jaunes d'œufs avec 40 gr de sucre, incorporer dans le mixer au mélange blancs et jus puis mixer. Verser dans un émulsioneur et ajouter 2 capsules d'air, secouer et garder au frais.

Sur un papier à pâtisserie, étaler finement la pâte à tuile en bandes de 14 cm de long et 6 cm de large. Cuire 2 minutes au four 250°.

Sortir la plaque et de suite, décoller à l'aide d'un rouleau métallique. Enrouler les bandes encore chaudes et souples sur un verre cylindrique de façon à obtenir des tubes.

Remplir ces tubes avec la masse passion puis garnir de grains de fruit de la passion et enfin ajouter les bananes.

Tarte aux pommes et à la crème façon

4 dl	de jus de pomme (boskoop)
2 gr	d'agar-agar
210 gr	de sucre
4 dl	de crème
10 gr	de cannelle
1 c à s	d'huile de tournesol

2007

Gelée de pommes

Chauffer le jus de pomme à 80° avec l'agar-agar. Puis couler dans un moule de 1 cm de hauteur et laisser prendre au frigo.

Caramel de cannelle

Faire un caramel avec 150 gr de sucre et une cuillère à café d'eau. Retirer du feu et ajouter la cannelle. Verser sur un papier gras, laisser refroidir. Mixer légèrement afin d'obtenir une poudre grossière.

Crème réduite

Réduire la crème avec 60 gr de sucre jusqu'à obtenir une consistance de lait condensé. Bien laisser refroidir.

Découper la gelée de pommes à l'emporte-pièce en rondelles de 5 cm de diamètre, les déposer sur une assiette froide, poser au centre de chaque rondelle un peu de crème réduite et autour la poudre de caramel de cannelle et un filet d'huile de tournesol.

Une autre façon de penser la tarte aux pommes avec une texture différente. Une astuce: déposez un grain de sel sur le côté d'une rondelle de gelée.

Mangue au café de pistache et citron vert

1	mangue
½	jus de citron vert
50 gr	de pistaches
80 gr	de sucre glace
1	citron vert
	gros sel

Café de pistache

Dans une poêle, chauffer les pistaches et le sucre glace, laisser caraméliser. Etaler sur un papier gras et laisser refroidir. Passer au mixer.

Coulis de mangue

Eplucher la mangue et la détailler, la mixer avec le sucre et le jus de citron vert.

Finitions

Verser dans des verres, d'abord le coulis de mangue, puis le café de pistache et un zeste râpé à la minute de citron vert, terminer avec un grain de gros sel.

■ UN PLAT ÉTONNANT CAR SELON LA MATURITÉ DE LA MANGUE, IL PEUT ÊTRE SERVI EN ENTRÉE OU EN DESSERT SELON LA PUISSANCE IODÉE DE LA MANGUE.

ASTUCES

Goûts & Textures

Eau de tomate, ricotta et concombre

1 kg	de tomates grappe
2 gr	d'agar-agar
1 c à s	de brunoise de concombre
60 gr	de ricotta fraîche
1	blanc d'œuf
	Sel, tabasco

Mixer la tomate avec des glaçons de manière à obtenir 5 dl de jus, déposer ce jus dans un linge sans presser la pulpe, et laisser au frigo une nuit pour filtrer.

Tiédir le jus (eau) de tomate avec du sel et quelques gouttes de tabasco, ajouter l'agar-agar, puis déposer un instant au frigo.

Pendant ce temps, mixer la ricotta avec le blanc d'œuf.

Dans un verre, déposer au fond bien à plat la mousse ricotta, puis lentement dessus l'eau de tomate gélifiée. Dès que la gelée prend, déposer au milieu une brunoise de concombre très fine.

■ Un plat très frais avec un bon pain de campagne grillé à l'huile d'olive, mon idée étant le *pan con tomate* (pa amb tomaquet) espagnol, avec la touche italienne de la Ricotta

Tomates vertes confites et anchois marinés

500 gr	de tomates vertes
110 gr	de sucre
1 dl	de jus de fruit de la passion
1 c à s	de graines de coriandre concassées
16	filets d'anchois frais
1 c à s	d'huile d'Argan
1 c à c	de vinaigre de vin rouge
1 c à c	de cumin

Retirer le pédoncule des tomates puis les couper en 4. Dans une sauteuse, confire lentement à couvert les tomates avec le sucre, le jus de fruit de la passion et la coriandre (½ heure sur feu doux) puis installer cette compote dans un saladier, couvrir avec un papier film et cuire au micro-ondes puissance maximum 2 minutes.

Déposer les filets d'anchois côtés peau sur le plat, ajouter un tour de moulin à poivre puis déposer dessus le cumin, l'huile d'Argan et le vinaigre de vin rouge, retourner les filets et laisser mariner 1 minute.

Retirer les tomates du micro-ondes, déposez-les au centre d'une assiette, puis dessus les filets d'anchois. Arroser avec la marinade.

■ Un chaud-froid avec un voyage au Maroc et un mélange d'aigre-doux

Vinaigrette laitière aux épices

80 gr de beurre salé

1 c à s de soupe de miel de fleurs

1 c à c de 5 épices

1 c à s de vinaigre de riz

1 c à c de sauce soja foncée

Dans un saladier mélanger le miel, le vinaigre de riz, les 5 épices, la sauce soja.

Dans une casserole, faire chauffer le beurre salé jusqu'à ce qu'il devienne noisette, puis verser ce beurre chaud dans le saladier où se trouve le miel, bien mélanger et servir.

Avec un filet de féra, vous aurez une approche différente de ce poisson du lac

Chocolat noir, Wasabi et sel Maldon

200 gr	de chocolat noir 78%
5 gr	de sel Maldon
1 c à c	de wasabi en pâte

Tempérer le chocolat noir. Sur une feuille en plastique étalez le wasabi, parsemer de copeaux de sel Maldon sans les casser. Couler le chocolat noir sur la feuille plastique.

Ajouter une autre feuille en plastique dessus, puis une plaque avec un poids afin de bien rassembler le tout. Servez en apéritif quelques copeaux à vos convives.

▪ Une surprise à chaque fois avec une puissance aromatique qui me plaît bien, Vous pouvez également y ajouter un peu de poivre Setchuan

Granité yogourt, citrons verts et huile de kafir

180 gr de yogourt nature

2 c à s de jus de citron vert

40 gr de sucre

1 c à s d'huile de kafir (page 200)

Mélanger le yogourt avec le sucre et le jus de citron vert, déposer une nuit au congélateur.

Au moment de servir, gratter le dessus du bac avec une fourchette afin d'obtenir le granité.

Au dernier moment, verser une goutte d'huile de kafir sur le granité.

■ Vous pouvez le servir tel quel en amuse-bouche voir même avec des fraises en dessert

ANANAS AU BASILIC, RHUM BLANC ET COCO

180 gr	d'ananas frais émincé
6	feuilles de basilic émincées
1 c à s	de rhum blanc
60 gr	de sucre blanc
1 c à s	de coco en poudre
1 c à s	de jus de citron vert

Mélanger dans un saladier l'ananas, le sucre (40 gr) et le basilic. Déposer au frigo.

Faites chauffer 1 dl d'eau avec le sucre restant (20 gr), ajouter la poudre de coco, le citron vert et au dernier moment le rhum blanc.

■ SERVEZ L'ANANAS BIEN FROID ET ENTOUREZ-LE AVEC UN FILET DE SAUCE COCO ET RHUM BLANC BIEN CHAUDE. UNE AUTRE MANIÈRE DE VOIR UN DESSERT EN CHAUD-FROID.

Abricots au miel et thym citron

12	abricots Luizet
1 c à s	de sucre roux
1 c à c	de thym citron
1	pointe de couteau d'acide ascorbique (vitamine c)
1 c à s	de miel liquide
½	gousse de vanille

Dans une sauteuse, faire suer à feu doux les abricots entiers avec le sucre et l'acide ascorbique (antioxydant), ajouter la demi-gousse de vanille coupée en deux, le miel et le thym citron, couvrir et laisser cuire tout doucement. Juste avant de servir, ajouter un filet de vin du style Arvine surmaturée, le solde de la bouteille saura vous régaler simplement dans un verre.

Profitons de ces beaux produits qui font la fierté du Valais.

Riz soufflé

60 gr	de riz parfumé
60 gr	d'eau
5 dl	huile d'arachide

Cuire le riz dans l'eau en démarrant à froid. Lors de la totale évaporation de l'eau, le riz est cuit. Etaler le riz sur un papier gras et glisser au four 60° une nuit. L'important est que le riz ait la consistance du riz cru lorsqu'il est séché, le but étant de le réhydrater avec l'huile de friture.

Chauffer l'huile à 200° puis verser le riz (attention: par petite quantité car il va augmenter de volume).

■ Servez tel quel le riz à la sortie de la friteuse sur des crevettes au curry vert avec une sauce limpide afin que le riz éclate au contact de la sauce. Vous pouvez aussi servir ce riz (mais refroidi après la friture) sur une mousse chocolat.

Fraîcheur de concombre à la menthe

1	concombre
20	feuilles de menthe poivrée
1	pincée de sel
1	filet de sirop menthe

Peler et retirer les graines du concombre, mixer le concombre avec la menthe, le sel et le sirop de menthe.

Déposer cette purée dans une passoire et laisser égoutter au frigo 2 heures ou même une nuit.

Servez avec un fromage de chèvre frais ou un carré d'agneau, voire même avec un saumon cru.

Salade liquide-solide de Chasselas vaudois

5 dl	de jus de Chasselas
2 gr	d'alginate
1 l	d'eau
10 gr	d'acétate de calcium
1	pointe de couteau d'acide ascorbique

Mixer vos raisins sans broyer les pépins, puis filtrer de manière à obtenir (5 dl de jus de raisins).

Mélanger au mixer le jus de raisin avec l'acide ascorbique (antioxydant), l'alginate, laisser reposer 10 minutes, puis mixer à nouveau, laisser à nouveau reposer 15 minutes de manières que plus aucune bulle d'air ne restent dans la masse.

Pendant ce temps, mélanger au fouet le litre d'eau froide avec l'acétate de calcium.

Verser à l'aide d'une cuillère à café votre masse raisin dans le bain d'acétate, de la grosseur d'un grain de raisin, de manière à reconstituer les grains de raisins. Laisser agir 1½ minutes, le but étant que votre masse raisin soit liquide à l'intérieur et solide à l'extérieur. (Voir photo bonbon liquide)

Cette recette peut paraître compliquée alors qu'elle est très simple, juste un coup de main. Ce qui m'intéresse dans ce plat c'est la texture et surtout le goût de ces raisins liquide-solide. J'aime beaucoup le Chasselas qui n'est pratiquement cultivé qu'en Suisse.

Huile de cannelle

3 dl	d'huile d'olive vierge
1	bâton de cannelle
3	feuilles de laurier

Concasser le bâton de cannelle et le laurier.

Mélanger avec l'huile d'olive dans un bocal, recouvrir d'un papier film puis chauffer au micro-ondes 30 secondes, température maximum. Fermer votre bocal avec le couvercle et laisser deux jours à infuser à température ambiante. Ensuite filtrer cette huile.

Sympa pour accompagner des rougets poêlés, des côtes d'agneau grillées voir, même un canard avec des pommes vertes justes sautées avec cette huile.

Huile de Kafir

Mélanger le tout dans un bocal, recouvrir d'un papier film puis chauffer au micro-ondes 30 secondes, température maximum. Fermer votre bocal avec un couvercle et laisser deux jours à infuser à température ambiante. Ensuite filtrer cette huile.

■ Idéal pour les poissons crus, le poulet poché, voire même mélangé avec un yogourt nature, ce sera la sauce idéale avec des gambas rôties.

HUILE DE VANILLE

3 dl	d'huile d'olive vierge
1	gousse de vanille de Madagascar
8	grains de poivre noir

Couper en deux la gousse de vanille, à l'aide d'un couteau racler les graines, déposer le tout avec le poivre et l'huile d'olive dans un bocal. Recouvrer d'un papier film et chauffer 30 secondes au micro-ondes, température maximum. Fermer votre bocal avec le couvercle et laisser infuser deux jours à température ambiante. Ensuite filtrer cette huile.

JE L'APPRÉCIE AVEC DES LANGOUSTINES, UN CARPACCIO DE BAR DE LIGNE AVEC DES LAMELLES DE MANGUES.

Huile de Curry jaune

3 dl	d'huile d'olive vierge
½ dl	d'huile de sésame
2 c à s	de curry jaune type Malaisien

Dans une poêle en téflon faite suer la poudre de curry, ajouter l'huile d'olive, chauffer et verser dans un bocal avec l'huile de sésame, mélanger le tout à l'aide d'un mixer. Fermer le bocal avec le couvercle et laisser infuser à température ambiante une nuit. Filter à l'aide d'une étamine.

Au dernier moment sur des gambas rôties, de l'émincé de poulet sauté avec des légumes chinois, c'est une huile idéale pour donner le coup de fouet au plat.

Huile au basilic, ail, piment et lard

3 dl	d'huile d'olive vierge
2	gousses d'ail écrasées
20	feuilles de basilic
½	piment thaï
1	couenne de lard

Mélanger le tout dans un bocal, recouvrir avec un papier film, chauffer 30 secondes au micro-ondes, température maximum. Fermer votre bocal avec le couvercle et laisser une nuit à infuser à température ambiante. Filter le tout.

■ Juste au dernier moment sur des pâtes ou sur une côte de porc poêlée, un bon goût entre l'Italie et la Suisse avec le lard.

Huile d'olive, poivre Setchuan et estragon

1 dl	d'huile d'olive
1 c à c	de poivre Setchuan concassé
1 c à s	d'estragon émincé
2 c à s	de jus de citron vert

Tiédir le jus de citron, ajouter le poivre Setchuan hors du feu, puis l'huile d'olive et l'estragon.

■ Testez-la sur une salade d'orange avec quelques pistaches grillées
Egalement très sympa sur un carpaccio d'espadon

Huile de noix, piment et livèche

1 dl	d'huile de noix
½ c à c	de piment séchés concassés
6	feuilles de livèches émincées
1 c à s	de vinaigre de riz

Faire tiédir le vinaigre dans une casserole, hors du feu ajouter l'huile de noix, la coriandre et le piment concassé avec une pointe de gros sel.

■ Servez de suite soit sur un carpaccio de bœuf, des cigales de mer sautées, voire même un vieux fromage de chèvre.

Huile de cacahuètes grillées poires Williams

1 dl	d'huile de cacahuètes grillées
1 c à s	de poires Williams fraîches en lamelles
1 c à s	d'eau de vie de poires

Tiédir dans une casserole l'eau de vie de poires, hors du feu ajouter la poire émincée et l'huile de cacahuètes grillées.
Répartir dans des assiettes creuses ce mélange poires et huile de cacahuètes grillées et déposer dessus un pavé de thon poêlé (cœur saignant) ainsi qu'une pointe de gros sel.

■ Essayez avec une pomme de terre en robe et une raclette

Huile d'Argan,

miel et cumin

- 1 dl d'huile d'argan
- 1 c à s de miel de fleurs d'acacia
- 1 c à c de cumin
- 1 c à c de graines de coriandre écrasées

Verser le tout dans un bocal fermé et laisser 3 jours à température ambiante à infuser.

■ Servez-la telle quelle sur un fromage de chèvre ou un vieux Sbrinz.

Chaque produit sa saison

Légumes

	Janv.	Fev.	Mars	Avr.	Mai	Juin	Juil.	Aout	Sept.	Oct.	Nov.	Dec.
Artichaut						■	■					
Asperge				■	■							
Aubergine						■	■	■				
Avocat											■	■
Batavia							■					
Betterave					■	■	■	■	■			
Brocoli	■										■	■
Carotte					■	■	■					
Céleri							■	■	■	■		
Cèpe								■	■	■		

	Janv.	Fev.	Mars	Avr.	Mai	Juin	Juil.	Aout	Sept.	Oct.	Nov.	Dec.
Chou	■	■									■	■
Chou de Bruxelles											■	■
Chou-fleur									■	■		
Concombre						■	■					
Courgette						■	■	■				
Cresson				■	■	■	■	■	■			
Endive	■										■	■
Epinard					■							
Fenouil							■	■	■	■		
Fève				■	■	■	■					

	Janv.	Fev.	Mars	Avr.	Mai	Juin	Juil.	Aout	Sept.	Oct.	Nov.	Dec.
Girolle						■	■	■				
Haricot blanc									■	■		
Haricot vert						■	■	■				
Laitue					■	■						
Lépiote									■	■		
Mâche	■										■	■
Maïs							■					
Morille			■	■	■							
Navet								■	■	■		
Oignon									■	■	■	

	Janv.	Fev.	Mars	Avr.	Mai	Juin	Juil.	Aout	Sept.	Oct.	Nov.	Dec.
Oseille					■	■	■	■	■	■		
Papaye										■	■	■
Petit pois					■	■	■					
Pied-de-mouton								■	■	■	■	■
Poireau									■	■	■	
Poivron							■	■	■			
Pomme de terre					■	■	■					
Potiron							■	■	■	■		
Radis				■	■	■	■					
Salsifis										■	■	■

	Janv.	Fev.	Mars	Avr.	Mai	Juin	Juil.	Aout	Sept.	Oct.	Nov.	Dec.
Tomate								■	■	■		
Topinambour										■	■	■
Trompette de la mort											■	■

Fruits

	Janv.	Fev.	Mars	Avr.	Mai	Juin	Juil.	Aout	Sept.	Oct.	Nov.	Dec.
Abricot						■	■	■				
Ananas	■	■	■									■
Banane	■									■	■	■
Cassis								■	■			
Cerise							■					
Châtaigne											■	■
Citron						■			■			
Clémentine	■	■									■	■
Coing										■	■	■
Figue						■	■	■				

	Janv.	Fev.	Mars	Avr.	Mai	Juin	Juil.	Aout	Sept.	Oct.	Nov.	Dec.
Fraise					■	■	■	■	■			
Framboise							■	■				
Goyave	■	■										■
Groseille						■	■					
Kaki	■									■	■	■
Kiwi	■	■	■	■								■
Mangue	■	■										■
Melon						■	■	■				
Mirabelle								■	■			
Noisette								■	■	■		

	Janv.	Fev.	Mars	Avr.	Mai	Juin	Juil.	Aout	Sept.	Oct.	Nov.	Dec.
Noix									■	■		
Noix de coco	■	■									■	■
Orange	■	■	■									■
Pamplemousse	■						■	■			■	■
Pastèque						■	■	■				
Pêche							■	■				
Poire								■	■	■	■	
Pomelo	■	■	■	■						■	■	■
Pomme									■	■	■	■
Prune							■	■	■	■		
Raisin									■	■		
Rhubarbe				■	■							

POISSONS

	Janv.	Fev.	Mars	Avr.	Mai	Juin	Juil.	Aout	Sept.	Oct.	Nov.	Dec.
Anguille					■	■	■	■	■			
Bar		■	■	■	■	■	■	■				
Cabillaud	■	■	■	■						■	■	■
Carpe	■	■	■	■					■	■	■	■
Crabe					■	■	■	■				
Crevette								■	■	■		
Daurade		■	■	■	■	■	■	■	■			
Ecrevisse					■	■	■	■	■			
Hareng						■	■	■				
Homard				■	■	■	■	■				

	Janv.	Fev.	Mars	Avr.	Mai	Juin	Juil.	Aout	Sept.	Oct.	Nov.	Dec.
Huître	■	■								■	■	■
Langouste						■	■	■	■			
Lieu	■	■	■	■	■						■	■
Limande	■	■	■	■	■					■	■	■
Lotte	■	■	■	■	■					■	■	■
Merlan	■	■	■								■	■
Morue	■	■								■	■	■
Moule								■	■	■	■	■
Oeuf de poisson	■										■	■
Perche	■	■	■	■		■	■	■	■	■	■	■

	Janv.	Fev.	Mars	Avr.	Mai	Juin	Juil.	Aout	Sept.	Oct.	Nov.	Dec.
Raie	■	■									■	■
Rouget		■	■	■	■	■						
Saint-Jacques	■	■	■	■					■	■	■	■
Saint-Pierre	■	■	■								■	■
Sandre			■					■	■	■	■	
Sardine					■	■	■	■				
Saumon								■	■			
Sole											■	■
Thon						■	■	■	■			
Truite						■	■	■	■	■		
Turbot						■	■	■				

VIANDES

	Janv.	Fev.	Mars	Avr.	Mai	Juin	Juil.	Aout	Sept.	Oct.	Nov.	Dec.
Agneau			■	■								
Bécasse										■	■	■
Boeuf	■	■	■									■
Caille									■	■		
Canard							■		■			
Chapon	■	■	■								■	■
Chevreau			■	■								
Chevreuil										■	■	■
Dinde	■									■	■	■
Faisan	■	■									■	■

	Janv.	Fev.	Mars	Avr.	Mai	Juin	Juil.	Aout	Sept.	Oct.	Nov.	Dec.
Lapin							■	■	■			
Lièvre										■	■	■
Mouton	■	■								■	■	■
Oie	■	■									■	■
Perdreau									■	■	■	
Pigeon								■	■	■		
Pintade				■	■	■						
Porc	■	■							■	■	■	■
Poule						■	■	■				
Poulet					■	■	■	■				

	Janv.	Fev.	Mars	Avr.	Mai	Juin	Juil.	Aout	Sept.	Oct.	Nov.	Dec.
Sanglier						■	■	■	■	■	■	
Veau				■	■	■	■	■				

Ce calendrier qui recense les poissons, crustacés, coquillages, volailles, viandes, gibiers, fruits et légumes apporte une indication essentielle pour consommer les produits à leur meilleure période de maturité.

S'il y a, pour les coquillages – dont les Saint-Jacques – des éléments objectifs, soit la fermeture obligatoire de la pêche de mi-avril à fin septembre, pour certains fruits et le gibier, les mois les plus évidents sont connus des consommateurs.

Bien qu'aujourd'hui l'on trouve la majorité des produits tout au long de l'année, je préconise par exemple de manger l'agneau de mars à mai: c'est la meilleure période de l'an, celle où il dégage sa plus belle saveur. Il est simple de se référer à ce calendrier et important de ne pas oublier que la fraise, pour exemple, selon sa provenance, ne sera pas savoureuse tous les mois du printemps et nécessitera, dans certains cas, de grandes dépenses en énergie à contre-saison pour se retrouver sur nos tables. Il sera toujours préférable de choisir la fraise la meilleure et la plus proche.

Le consommateur doit être exigeant et devenir un «consom'acteur» du marché.

MERCI
A TOUS

Je tiens à remercier, pour leur patience et leurs talents respectifs, toutes les personnes qui ont collaboré à ce livre.

Clara mon épouse, dont la présence à mes côtés depuis trente ans a permis tout à la fois de limiter mes excès et aussi... de les encourager dans ce qu'ils ont de créatif. Sa sérénité m'est indispensable au quotidien et plus encore durant ce long travail artistique et rédactionnel.

Pierre-Alain Gschwend, mon second de cuisine ainsi que toute la brigade pour leur collaboration efficace et leur patience infinie. Ils ont su comprendre mon stress lors des séances de photo et mes doutes durant toute l'élaboration de l'ouvrage.

Kévin Bovet, responsable de salle ainsi que toute la brigade, qui m'ont soutenu, encouragé, conseillé.

Pierre-Marcel Favre qui m'a dirigé tel un chef d'orchestre, avec le talent d'un grand professionnel. Que Sophie Rossier sa collaboratrice trouve ici ma reconnaissance pour son aide constante et sa douceur persuasive.

Daniel Fazan qui a lu, relu et corrigé mes bourdes. Sans son appui et ses connaissances de journaliste passionné et passionnant - toujours prêt à valoriser le bonheur du goût - ce livre eût été bien difficile à faire naître.

Pierre-Michel Delessert qui depuis vingt ans photographie mes créations et qui m'a vraiment appris à présenter mes plats. Ce grand magicien de la lumière recompose les parfums et les saveurs grâce à son talent et à son enthousiasme. Il est un vrai artiste, celui qui rend beaux les plats.

Oscar Ribes, l'œil créatif du graphiste, chercheur de style, merveilleux compagnon qui pressent ce qui me conviendra, comme un couturier sait rendre une femme éblouissante: cette collaboration restera un de mes meilleurs souvenirs créatifs. J'y associe encore Sandrine, Julien, Stéphanie et Christophe qui complètent cette belle équipe.

André Raboud, mon ami sculpteur, dont j'ai osé utiliser l'art pour interpréter le mien.
Depuis mes débuts à Massongex, Dédé m'a donné le goût du beau et du bon, de la forme et de l'expression. Dans les moments de doutes, il a toujours été mon fervent supporter et sa sculpture a toujours accompagné nos instants de bonheur privés et professionnels.

A tous mes fournisseurs qui cherchent sans relâche et trouvent tout au long de l'année les produits rares et précieux qui donnent à ma cuisine son sens et émerveillent les sens.
Souvent, ils sont mes souffre-douleur mais des messagers de bonheur, plus souvent encore.

DENIS MARTIN